法然上人のご法語

❸対話編

浄土宗総合研究所【編訳】

JP
JODO SHU
PRESS

法然上人のご法語　第三集　対話編〈目次〉

本書をお読みいただくにあたって

◆本書は、既刊『法然上人のご法語』（③対話編、浄土宗刊＝絶版）の現代語訳を見直し、より理解しやすいよう再編集し文庫化したものです。

◆取り上げたご法語は、石井教道編『昭和新修法然上人全集』（平楽寺書店刊。本書では『昭法全』と略称します）の第四輯（しゅう）對話編に収められている文献から、重要と思われる部分を抄出したもので、ジャンルやテーマごとに分類して目次立てをしました。

◆抄出した各ご法語は現代語訳（太字）、原文の順に並べ、末尾にその出典名（文献名）と『昭法全』の掲載ページを記載しました。

◆引用文（原文）は現代かなづかいに、漢字は原則として常用漢字にあらため、適宜ルビ（よみがな）を付しました。いずれも底本を参考に、最終的には編訳者および編集部の判断にもとづきます。

◆現代語訳に際し、必要と思われる場合には（　）付して文章を補いました。

◆引用した文（ご法語）と類似のものがある場合には、枝番号を付して掲載しました。酷似したご法語の場合、現代語訳は省略しています。

◆他の箇所に類似法語がある場合は、出典の後に（ ）を付して該当箇所を記しています。その際、無印は本集、①等の数字は本シリーズの巻数を指します。

◆ご法語の中に経典やその注釈書などから引用がある場合は、文中に❶❷等を付し、各ご法語の末尾にその出典を示しました。「浄全」は『浄土宗全書』（山喜房仏書林刊）、「続浄」は『続・浄土宗全書』（同）、「聖典」は『浄土宗聖典』（浄土宗刊）、「正蔵」は『大正新修大蔵経』を示します。

◆重要と思われる用語や表現については、文中に＊を付し「用語解説」として巻末に掲載しました。なお、本シリーズ既刊の収載用語と重複するものにも＊印を付していますが、解説は省略しています。仏教語を詳しく学びたい方は「WEB版　新纂浄土宗大辞典」もご参照ください。(http://jodoshuzensho.jp/daijiten/index.php/)

第一章　人間

1

まったく、自分を省みるに、悲しみといえば、さとりを目指す志など発らないことと病気になることくらいであろうか。（私、法然は）俗世に暮らす必要がないので、あちらこちらへ走り回ることもなく、着る物や食べる物に困ったとしても、この命を惜しむ心がそれほど強くもないので、けっして思いわずらう必要もありません。心をやすらかにするためにも、俗世は厭い捨てるべきものでありましょう。まして無常の世の悲しみは目の前に満ち広がっており、いつ何時、命の終わりがくるものと覚悟すればよいのでしょう。

栄華のなかにある者でも長くは続かず、生ある者もまた、その終焉を嘆かずにはいられません。およそ厭い捨てるべきは、生き死にを繰り返す*六道という境界であり、欣うべきは浄土に往生してさとりを開くことです。天上界に生まれて享楽にふけったとしても、いずれはその身に五種の衰えが顕れて苦しみ、人間界に生まれて国王の身となり世界中を統治したとしても、生・老・病・死・愛別離苦・怨憎会苦などの苦しみからは、どれ一つとして逃れることなどできません。よしんばこうした苦しみを受けないにしても、*地獄・餓鬼・畜生の*三悪道に堕ちてしまうおそれがあるのです。心ある人ならば、どうして俗世を厭わないことがありましょう。人としてこの世に受けがたい命を授かり、遇い難いみ仏の教えに出会ったのですから、今生こそは*生死の迷いの世界から離れようと志してください。

まことにこの身には、*道心のなき事と、やまいばかりや、なげきにて候らん。世をいとなむ事なければ、四方に馳騁せず、衣食もにかけたりといえども、身命をおしむこころ切ならねば、あながちにうれえとするにおよばず。こころをやすくせんためにも、すて候べきよにこそ候めれ。いわんや無常のかなしみは、めのまえにみてり、いずれの月日をか、おわりのときと期せん。さかえあるものもひさしからず、いのちあるものもまたうれえあり。すべていとうべきは*六道生死のさかい、ねごうべきは浄土*菩提なり。天上にうまれてたのしみにほこるといえども、*五衰退没のくるしみあり、人間にうまれて国王の身をうけて、一*四天下をばしたごうといえども、生老病死・愛別離苦・怨憎会苦の一事もまぬがるる事なし。これらの苦なからんすら、三悪道にかえるおそれあり、こころあらん人は、いかがいとわざるべき。うけがたき人界の生をうけて、あいがたき仏教にあい、このたび出離をもとめさせたまえ。

【要義問答・昭法全六一三】

2

たとえば、針を手に持ち、天をも突き抜ける＊須弥山を砕き尽くしたとしても、あるいは芥子粒を柄杓として大海の水を汲み干すことができたとしても、悪業に絡められ煩悩にまみれた私たちの心では、何度となく生まれ変わり、どれほど永い歳月をかけたところで、自分の力で仏となるのは難しいことです。なぜなら、一瞬一瞬、一歩一歩、心に浮かんでは消える思いはみな、＊三途に堕ちたり＊八難の境界に生まれるもととなることばかりであり、寝ても醒めても思い描くことはみな、＊六道を＊輪廻し、＊四生に生まれ変わる絆となることばかりだからです。このような身では、いかなる修行をし学問を究めれば仏になれるというのでしょうか。これを自力というのです。

たとい針にて須弥をくだき、芥子のひさくにて大海をくみつくすとも、われらが悪業煩悩の心にては、＊広劫多生をふとも、ほとけにならん事かたし。そのゆえは、念々歩々におもいと思う事は、三途八難の業、ねてもさめても案じと案ずる事は、＊六趣四生のきずななり。かかる身にては、いかでか修行学道をして成仏はすべきや。これを自力とは申すなり。

【念仏往生要義抄・昭法全六八三】

3

口では経文を拝読し、身では仏像を礼拝してはいても、心には思ってはならないことばかり浮かび上がり、一時たりとも止むことがありません。ですから、私たちの身の程では、*生死を繰り返すこの迷いの世界を離れ出ることなどどうしてできましょう。こうしている間にも、私たち衆生は遥か古の昔から今に至るまで、*三途や*八難の世界を住処とし、赤々と燃えたぎる煩悩の炎にこの身を焦がして、迷いの世界から離れ出る機会を失っているのです。なんと悲しいことでしょう。善事に向かう心は年を追うごとに弱くなり、悪事に染まった心は日一日と燃え盛ります。

かえりみるに古人は「煩悩とはこの身に付き従う影のようであり、そこから立ち去ろうにも叶わない。さとりの境地とは水面に浮かぶ月の姿のようであり、この手につかもうにもそれもできない」と。だからこそ、阿弥陀さまは五*劫という途方もなく永い時間をかけて考えに考え抜かれ、慈悲深く尊い*本願を誓われたのです。そしてその本願のとおりに、善人であれ*悪人であれ分け隔てせず、戒律の守れる守れないを区別することなく、*在家と*出家とを選り分けず、*智慧のあるなしを問わず、誰に対しても平等の大慈悲をめぐらし、仏となられました。ですから、ただ阿弥陀さまのお力にすがって往生するのだ、との心持ちでお念仏を称えれば、（命尽きたならば）わずか一瞬のうちにその来迎にあずかることができるのです。

> 口には経をよみ、身には仏を礼拝すれども、心には思わじ事のみおもわれて、一時もとどまる事なし。しかればわれらが身をもって、いかでか生死をはなるべき。かかりけるときに広劫よりこのかた三途八難をすみかとして、炯燃猛火に身をこがしていずる期なかりけるなり。かなしきかなや、善心はとしどしにしたがいてうすくなり、悪心は日々にしたがいていよいよまさる。されば古人のいえる事あり、煩悩は身にそえる影、さらんとすれどもさらず、*菩提は水にうかべる月、とらんとすれどもとられずと。このゆえに阿弥陀ほとけ、五劫に思惟してたて給いし深重の本願と申すは、善悪をへだてず、持戒破戒をきらわず、在家出家をもえらばず、有智無智

を論ぜず、平等の大悲をおこしてほとけになり給いたれば、ただ他力の心に住して念仏申さば、一念須臾のあいだに、阿弥陀ほとけの来迎にあずかるべきなり。【念仏往生要義抄・昭法全六八四】

4

ある人が次のように尋ねました。「私のような愚か者には、お経も理解できませんし、悪事に染まる縁ばかりが多くあります。どのような方法を用いて悪事に心が染まらないようにし、なおかつ信心を発せばよいのでしょうか」。

そこで法然上人は次のようにお答えになりました。「その方法は一つではありません。たとえば、他人が苦しみにさいなまれているところに出会ったら、地*獄・餓鬼・畜生といった三つの悪しき世界に堕ちた自分の姿を想像しなさい。また、人の死を見て無常の道理を思い知りなさい。あるいは常にお念仏を称えて心を励ましなさい。あるいはまた、常に善き友と交わり、（いたらない自分を）心で恥じなさい。人の心とは、たいがいは悪しき縁によって悪しき心が発ってしまうものです。ですから、そうした縁を遠ざけ、善き縁に親しむように、と言うのです。こうした方法は一つとは限りません。その場に応じてご判

出る善行を修めずして、いったいいつその機会を期すべきかと思いなさい。ひと度、地獄・餓鬼・畜生の三悪道に堕ちてしまえば、阿僧祇劫という途方もなく永い時間を経たとしても、仏・法・僧の三宝の名前さえ耳にすることはできないのです。ましてや、深い信心などどうして持つことができましょう。また時には、自分自身が前世までに積んできた善行を喜びなさい。尊い人にしろそうでない人にしろ、多くの人がいるとはいえ、そのなかで仏の教えを信じ浄土往生を願う人は希なものです。それこそ信じるに至るまでが難しいのでしょうし、（その間にも）仏教を誹謗して悪道に堕ちる原因ばかりを作ってしまいます。ところが、仏教を信じて敬い、阿弥陀さまをたよりに浄土往生を願うようになるのは、ひとえに遙か遠い昔から積んできた善行の功徳のおかげです。このことは、ただたんに今生の努力精進ばかりによるのではなく、往生すべき時期が訪れたのだと心強く受け止めて喜びなさい。こうしたことを折に触れ、また事あるごとに思いいたすべきなのです」

問うていわく。つねに念仏の行者はいかようにかおもい候べきや。答えていわく。あるときには世間の無常なる事をおもいて、この世のいくほどなき事をしれ。ある時には、仏の本願をおもいて、かならずむかえ給えと申せ。ある時には、人身のうけがたきことわりを思いて、このたびむなしくやまん事をかなしめ。*六道をめぐるに、人身をうける事は、*梵天より糸をくだして、大海のそこなる針のあなをとおさんがごとしといえり。ある時は、あいがたき仏法にあえり、このたび出離の業をうえずば、いつをか期すべきとおもうべきなり。ひとたび悪道におちぬれば、阿僧祇劫をふれども、三宝の御名をきかず、いかにいわんやふかく信ずる事をえんや。ある時には、わが身の宿善をよろこぶべし。かしこきもいやしきも、人おおしといえども、仏法を信じ浄土をねごう物はまれなり。信ずるまでこそかたからめ、そしりにくみて悪道の因をのみきざす。しかるにこれを信じこれを貴びて、仏をたのみ往生を心ざす、これひとえに宿善のしからしむるなり。ただ今生のはげみにあらず、往生の期のいたれるなりとたのもしくよろこぶべし。かようの事を、おりにしたがい事によりておもうべきなり。

【十二箇條の問答・昭法全六七八】

受けがたい人の身を受け、遇いがたい仏の教えにめぐり遇うことができました。この世の無常は刻々と迫り、死の訪れは老若を問うことがありません。すでに病に冒されていることも知らぬまま、*生死の境が間近にあることも誰一人として気づいていません。とにもかくにも急がねばなりません、励まねばなりません。お念仏を称えるにあたっては*三心を具えなさいと言われているのも、これらの真理をふまえてのことなのです。

うけがたき人身をうけ、あいがたき仏法にあえり。無常念々にいたり、老少きわめて不定なり、やまいきたらん事かねてしらず、生死のちかづく事たれかおぼえん。もっともいそぐべし、はげむべし。念仏に三心を具すといえるも、これらのことわりをばいでず。【念仏往生義・昭法全六九〇】

第二章　救いの道

8

第一節　浄土宗を開く

宗派を開くということは、もとよりお釈迦さまの教えにはありません。その宗の祖師が自ら学んできた経典や論書についての理解を究めた結果なのです。それは各宗における開宗の常であり、いずれの宗派も皆、そのような由縁によっています。今、ここに浄土宗を開くのは、まさに依りどころとする浄土教経典をもとにして、往生極楽の教えを体得された先学方が浄土宗という名を掲げられたことによるのです。

> 宗を立つる事は更に仏説にはあらず、自ら学ぶ所の経論に付きて、其の義を覚り極むるなり。諸宗の習い、皆もって此くの如し。今、浄土宗を立つる事は、浄土の正依の経に付きて、往生極楽の義を解り得たる先達の、宗の名を立てたまえるなり。【禅勝房に示されける御詞　其四・昭法全六九七】

8-2

宗の名をたつることは仏説にはあらず、みずからこころざすところの経教につきて、存じたる義を学しきわめて、宗義を判ずる事なり。諸宗のならい、みなかくのごとし。いま浄土宗の名をたつる事は、浄土の正依の経につきて、往生極楽の義をさとりきわめたまえる先達の、宗の名をたてたまえるなり。【十二問答・昭法全六三二】

9

ある時、法然上人が私、*聖覚におっしゃいました。

「*法相・*三論・*天台・*華厳・*真言・禅といったもろもろの*大乗仏教の教えを一つ一つ学びとって理解してみると、その入り口は各々異なるものの、どれもみな、誰もが仏となる可能性を秘めているという道理に目覚め、さとりを開くことを明かし示そうとする点で一致しています。それらの教えは深遠で大変ありがたいものではありますが、私のようなものにはどれも究められるものではありません。経典を繙き理解しようにもあまりに愚かすぎますし、修行を実践しても、かえって私の心は暗くなるばかりです。朝を迎えるたびに『きっと*地獄・餓鬼・畜生の*三悪道に堕ちてしまうに違いない』と恐れおののき、夕刻になるたびに『迷いの世界を離れ出るご縁は一つもない』と嘆き悲しんでいました。ひっきりなしに恨みごころを抱くのは渡るに舟を失ったようなものであり、薄暗い憂いに包まれるのは闇夜で道に迷うようなものでした。

そのように嘆きながらもみ仏の教えを実践し、悲しみながらも先徳方のご解釈を学び、比叡山*黒谷の報恩蔵に籠って一切の経論を繙くこともすでに五度に及んでいました。しかしながら、それでも迷いの世界を離れ出る教えを見出せず、辛く悲しい思いはいよいよ深くなりましたが、教えを学ぶ意欲はますます強くなっていきました。そうした時、それまでの善因が急に熟し、かつてのご縁が一気に実ったのか、唐の都、長安で信奉された*善導大師の説き著した八つの著作（善導大師の著作は〝五部九巻〟と総称されるが、上人在世当時は、『般舟讃』はまだ知られていなかったので〝*八帖書〟と言われた）を拝読してみると、*末法の時代にあって悪を犯してしまう*凡夫が*生死を繰り返す迷いの世界を離れ出る教えとは何であるかが明示されていたのです。一通り目を通しただけで、どういう意味なのかまだ深く理解できていなかったうちでさえ、その教えに出会えた喜びが身に溢れ、身の毛がよだつ思いで拝読すること三遍を加え、前後都合八回ほど拝読しました。

そして『観経疏』散善義の『一心に専ら弥陀の名号を念じて……』の一文に出会えたとき、善導大師の真意を知ることができたのです。歓喜のあまり、誰に聞かせるともなく、『私のような何の取り柄もない者に相応しい教えと修行を、阿弥陀さまが＊法蔵菩薩という修行時代の昔からすでにご用意してくださっていたとは！』と思わず声に出して叫びました。その法悦は骨の髄まで染みわたり、流れる涙は止まることを知りませんでした。時あたかも承安五年（一一七五）の春、四十三歳となっていた私は、たちどころに他の行を打ち捨て、ただひたすらにお念仏を称える教えに帰依し、以来、毎日六万遍のお念仏を称えました」。

> 有る時上人、予に語りての給わく、法相・三論・天台・華厳・真言・＊仏心の諸大乗の宗、遍学し悉く明らむるに入門は異なりといえども、皆＊仏性の一理を悟顕することを明かす、所詮は一致なり。法は深妙なりといえども我が機すべて及び難し。経典を披覧するに其の智最愚なり。行法を修習するに其の心翻じて昧し。朝朝に定めて悪趣に沈まんことを恐怖す、夕夕に出離の縁の闕けたることを悲歎す。忙々たる恨みには渡りに船を失うが

ごとし、朦朦たる憂いには闇に道に迷うがごとし。歎きながら如来の教法を習い、悲しみながら人師の解釈を学ぶ。黒谷の報恩蔵に入りて、一切経を披見すること既に五遍に及びぬ。然れども猶いまだ出離の要法を悟り得ず、愁情弥深く、学意増盛んなり。爰に善因急に熟し宿縁頓に顕れ、京師善導和尚勧化の八帖の書〈上人の在世には般舟讃いまだ流布せざるが故に八帖の書と云う〉を拝見するに、末代造悪の凡夫、出離生死の旨を輒く定判し給えり。粗管見していまだ玄意を暁らめずといえども随喜身に余り、身毛為竪てとりわき見ること三遍、前後合して八遍なり。時に❶観経散善義の、一心専念弥陀名号の文に至りて善導の元意を得たり。歓喜の余りに聞く人なかりしかども、予が如きの下機の行法は、阿弥陀仏の法蔵因位の昔かねて定め置きたるるをやと、高声に唱えて感悦髄に徹り、落涙千行なりき。終に承安五年乙丑の春、齢四十三の時たちどころに余行をすてて一向専修念仏門に入りて、始めて六万遍を唱う。

【聖覚法印に示されける御詞　其二・昭法全七二三】

❶『観経疏』散善義巻第四　浄全二・五八下／聖典二・二二六

10

私、源空（法然）は明遍の兄、遊蓮房円照がいたからこそ念仏の行者となったのです。私も、お釈迦さまが生涯をかけてお説きになった教えのなかでも、お念仏こそが生死を繰り返す迷いの世界を離れ出る教えに違いないと見定めてはいましたが、自分は愚かな凡夫なものですから、その教えに確信をもてずにおりました。そうした時、ひたむきな念仏行者であった円照とめぐり会い、志を同じくする方がいたと思えばこそ、強く意を固めて念仏者となったのです。多くの人が私のことを、勝手に念仏宗を開いたと非難していますが、そのようなことは少しも気になりません。

> 源空は明遍が兄、遊蓮房の故にこそ念仏者にはなりたれ。我も一代聖教の中よりは、念仏にてぞ生死ははなるべきと見さだめてあれども、凡夫なればなおおぼつかなきに、僧都の一向念仏者にておわすれば、同心なりけりと思う故に、うちかためて念仏者にてはあるなり。人多く念仏宗建立すとてなんずれども、其れはものともおぼえず。

【常州敬仏房との問答・昭法全七一三】

第二節　聖道門と浄土門

11

*道綽禅師の『安楽集』には、「*大乗仏教の聖典によれば、仏教には二種類の勝れた教えがある。一つには*聖道の教え、二つには浄土へ往生する教えである」と記されています。この穢れた娑婆世界にありながら、この身のままでさとりの境地を求める教えは、すべて*聖道門です。あらゆる存在や事象のありのままの相を正しく見極めてさとりを得るために*法華*三昧を修めて*六根の清らかな身を目指したり、身・口・意の*三密による行をきわめてこの身のままで仏になろうとすること、あるいはさとりに至る過程の四種の階位を目指したり、*三明六通の獲得を目指すことなどがそれに当たります。これらはみな難行道です。（一方）往生を志す*浄土門とは、まず浄土に往生して、そこでさとりを

開き仏にもなろうと志すものです。これは易行道といいます。

安楽集に云わく、❶大乗の聖教によるに、二種の勝法あり。一つには聖道、二つには往生浄土なり。穢土の中にして、やがて仏果をもとむるは、みな聖道門なり。諸法の実相を観じて証をえんと、法華三昧を行じて六根清浄をもとめ、三密の行法をこらして即身に成仏せんとおもう。あるいは四道の果をもとめ、また三明六通をねごう。これみな難行道なり。往生浄土門というは、まず浄土にうまれて、かしこにてさとりをもひらき、仏にもならんとおもうなり。これは易行道という。【要義問答・昭法全六一五】

❶『安楽集』巻上　浄全一・六九三上

12

真観房が尋ねました。「もし浄土門の教えが、過去・現在・未来のもろもろのみ仏の智恵を極めたものならば、末世に生きる愚かで物わかりの鈍い凡夫に、どうしてそれを理解することなどできましょうか」と。

それに対し法然上人がおっしゃいました。「私たちが、過去・現在・未来のもろもろのみ仏に具わる智恵を体得しようなどというだいそれた望みを捨てるからこそ、愚かな凡夫であっても、（浄土に往生してのち）悉くこれを体得できるのです。*聖道門の教えは、過去・現在・未来のみ仏が具えた智恵を自力で体得しようとの望みを捨てずに、み仏と同じ境地に至ろうと願い続けるので、今現在に至るまで、*生死を繰り返す迷いの世界に沈み続け、煩悩の炎が燃えさかる世界を離れ出ることが叶わないのです」。

真観また云わく。若し三世諸仏の智恵の極まりたらば、末代愚鈍の凡夫豈また之を覚らんや。上人云わく。三世諸仏の智恵を捨つるをもっての故に、凡夫愚鈍皆悉く之を知る。聖道の教えは三世諸仏の智恵を捨てずして之に及ばんと欲す。故に今に至るまで、生死に沈淪し火宅を出でざるなり。

【選択集執筆時、安楽真観証空との問答・昭法全七〇四】

13

お尋ねします。あなた（法然上人）は、お釈迦さまがご生涯に説かれた尊い教えを、みなことごとく浄土宗の教えの中に収めたのですか。それとも「*浄土三部経」の教えに限ってそうしたのですか。

お答えします。（私は）先徳方の教えに順い、八宗も九宗も、いずれの宗の教えも皆、お釈迦さまご一代の教えとして浄土宗の教えの中に収め、その上で聖道門と浄土門の二つに分けているのです。そのうちの聖道門には大乗・小乗、あるいは権教・実教という分類があります。また浄土門では十方の浄土と西方極楽浄土とを分かち、その西方浄土に往生する教えの中に雑行と正行とがあり、さらに正行の中に助業と正定業とがあります。そして聖道門は行じ難く、浄土門は行じやすいと解釈し、収めているのです。私が浄土宗を立てた意義すら知らない人が、「浄土三部経」の教えに限ってそうした、と言っているのです。

問う。釈迦一代の聖教を、みな浄土宗におさめ候か、又三部経にかぎり候か。

答う。八宗九宗、みないずれをもわが宗の中に一代をおさめて、聖道浄土の二門とはわかつなり。聖道門に大小あり権実あり。浄土門に十方あり西方あり、西方門に雑行あり正行あり、正行に助行あり正定業あり、かくして聖道はかたし、浄土はやすしと釈しいるるなり。宗をたつるおもむきもしらぬものの、三部経にかぎるとはいうなり。

【東大寺十問答・昭法全六四三】

14

ある人が法然上人に「お上人さまがお称えになるお念仏は、一声一声が阿弥陀さまのみ心に適っていると拝察いたします。（というのも、上人は）智慧深いお方ですから、名号の功徳をこと細かにご存じで、本願の素晴らしさもよくよく心得ておられるからです。（いかがでしょうか）」と質問しました。

法然上人は次のようにお答えになりました。

「あなたは本願を信じることがまだまだ不十分です。阿弥陀さまが本願に誓われた名号は、木を切ること、草を刈ること、菜を摘むこと、水を汲むことなどを生業とし、み仏の教えについても他の学問についても、その一節さえ知らない人であっても、お念仏を称えれば必ず浄土に往生できるのだと信じきり、心の底から願い求めて、常にお念仏を称える人こそが、阿弥陀さまのみ心にもっとも適った人と言えるのです。もしも、智慧によって生死を繰り返す迷いの世界を離れ出られるというのであれば、どうしてこの源空が、*聖道門を捨てて*浄土門に帰入することなどあったでしょう。よくよくお心得なさい。聖道門の修行とは智慧を究めることによってこの生死の迷いの世界を離れる教えであって、浄土門の修行とはものの道理に暗い愚かな身であると自覚して極楽浄土に生まれる教えなのです」

ある人問うていわく、上人の御房の申させ給う御念仏に、念念ごとにほとけの御心にあいかない候らんとおぼえ候。智者にてましませば、くわしく名号の功徳をもしろしめし、あきらかに本願のようをも御心えあるがゆえにと。

答えての給わく、なんじ本願を信ずる事まだしかりけり。弥陀如来の本願の名号は、木こり、くさかり、なつみ、みずくみのたぐいごときものの、内外ともにかけて、一文不通なるが、となうればかならずうまれなんと信じて、真実に欣楽して、つねに念仏申すを最上の機とす。もし智慧をもって生死をはなるべくば、源空なんぞ聖道門をすてて浄土門におもむくべき。まさにしるべし、聖道門の修行は、智慧をきわめて生死をはなれ、浄土門の修行は、愚痴に返りて極楽にうまると。

【信空上人伝説の詞　其一・昭法全六七一】

（↓類似法語・②26、26-2参照）

14-2 或る人問い奉りて云わく、上人の申させ給う御念仏は、念々ごとに仏の御意にかないなど申しけるを、いかなればと、上人返し問わせ給いければ、智者にておわしませば、名号の功徳をも悉くしろしめし、本願の様をも御心得ある故にと申しける時、汝、本願を信ずる事まだしかりけり。弥陀如来の本願の名号は、木こり草かり、なつみ水くむ類ごときの、内外ともにかけて一文不通なるが、唱うれば必ず生まると信じて真実にねがい、常に念仏申すを最上の機とす。若し智恵をもって生死を離るべくば、源空いかでか彼の聖道門を捨て、此の浄土門に趣くべきや。まさに知るべし、聖道門の修行は、智恵を究めて生死を離れ、浄土門の修行は、愚痴に帰りて極楽に生ず。

【或人の問に示しける御詞・昭法全七二二】

14-3 聖道門の修行は、智恵をきわめて生死をはなれ、浄土門の修行は、愚痴にかえりて極楽にうまると心得べし。

【禅勝房に示されける御詞　其二・昭法全六九六】

第三節　わが道、浄土門

15

道綽禅師の『安楽集』には次のように記されています。「聖道門の教えでは、今のこの時代にさとりを開くのは難しい。なぜなら、一つには（仏教の開祖である）釈尊の在世の時代から遥かな時を経てしまったからであり、二つにはその教えは非常に奥深く、今の時代の人びとにはわずかしか理解できないからである。このようなわけで『大集経』月蔵分には、『末法の時代には、どれほど多くの人が修行したところで一人としてさとりを得る者はいない』と説かれているのである。今がまさにその末法、五濁にまみれた悪世であり、ただ浄土門の教え一つが、さとりの世界へと必ず通じる道である。こうしたことから、もろもろの仏は大慈悲を垂れ、浄土門の教えに帰入するようお勧めになっているのである。一生涯、悪を犯し続けたとしても、ただただよく心がけて、誠の思いで常に念仏を称えよ。あらゆる妨げは自ずと取り払われ、必ず往生が叶う」。

安楽集に云わく、❶聖道の一種はいまの時には証しがたし、一つには大聖をされる事はるかにとおきによる。二つには理はふかくして、さとりはすくなきにより。このゆえに大集月蔵経に云わく、❷わが末法のときの中の億億の衆生、行をおこし道を修するに、一人もうるものはあらず。まことにいま末法五濁悪世なり。ただ浄土の一門のみありて通入すべき道なり。ここをもって諸仏の大悲、浄土に帰せよとすすめたもう。一形、悪をつくれども、ただよくこころをかけて、まことをもはらにして、つねによく念仏せよ。一切のもろもろのさわり、自然にのぞこりて、さだめて往生をう。

【要義問答・昭法全六一五】

❶『安楽集』巻上　浄全一・六九三上
❷『大方等大集経』五五月蔵分一二　正蔵一三・三六三上（趣意）

16

永観律師（えいかんりっし）は次のようにおっしゃっています。「真言（しんごん）や天台（てんだい）の教えは奥深いがためにさとり難く、三論（さんろん）の教えはおよそ理解の見通しもたたず、惑いやすいものである」と。

私（法然）はこの言葉を、「実に、静めた心にみ仏のお姿などを思い描く観念（かんねん）にも堪え得ず、いかなる仏道修行もまっとうすることのできない人は、浄土への往生をとげて、そこであらゆる教えをたやすくおさとりになるのがよかろう」との意味に受け取っています。

永観ののたまわく、❶真言止観（しかん）は理ふかくして、さとりがたく、三論法門（ほうもん）は、道かすかにして、まどいやすしなんと候。まことに観念もたえず、行法（ぎょうぼう）にもいたらざらん人は、浄土の往生をとげて、一切の法門（ほうもん）をも、やすくさとらせたまわんは、よく候なんとおぼえ候。

【要義問答・昭法全六一六】

❶『往生拾因』浄全一五・三九四上

17

お尋ねします。あらゆる方角に浄土は数多くありますが、そのうち、どちらの浄土へ往生を願うべきでしょうか。（中略）

お答えします。*妙楽大師（湛然）は「もろもろの経典が讃える仏のうち、多くは阿弥陀仏である。それ故、もっぱら西方浄土を目指す教えに順うべきである」とおっしゃっています。また、*顕教や*密教の教えの中にも、もっぱら西方極楽浄土を勧める説示は枚挙にいとまがありません。（中略）極楽浄土はこの娑婆世界と縁が深く、阿弥陀仏は私たちと縁の深い教主なのです。それははるか昔に、（阿弥陀仏の前身である）*法蔵菩薩が仏になろうと修行された因、そして私たち衆生を救うために誓われた*本願を成就されたからです。ただただ、西方浄土を願うべきであるとお心得ください。

> 問う。*十方に浄土おおし、いずれをかねがい候べき。（中略）
>
> 答う。妙楽大師ののたまわく、❶諸教讃ずる所多く弥陀に在り、故に西方を以て一準と為す、と。また*顕密の教法の中に、もはら極楽をすすむる事は、称計すべからず。（中略）極楽この土に縁ふかし、弥陀は有縁の教主なり。

宿因のゆえ、本願のゆえ。ただ西方をねがわせたもうべきとこそおぼえ候え。【要義問答・昭法全六一六】

❶『止観輔行伝弘決』巻二　正蔵四六・一八二下

18

（のちの*天台座主、顕真法印が）「この度、いかにすれば*生死*輪廻の迷いの世界から解脱できましょうか」とお尋ねになると、法然上人は「どのようであれ、自身の判断に過ぎるものはございません」とお答えになりました。

するとまた法印は「それももっともなことですが、上人は解脱の道を求める先達でいらっしゃるのですから、もし心に思い定めていることがありましたら、お示しくださいませ」とおっしゃいました。それに対して上人は「私自身としては、生死の迷いの世界を離れるにあたって、わずかではありますが心に思い定めていることがあります。それは、ただ早く極楽往生を遂げることです」とお答えになりました。

法印はさらに「この命尽きた後、再び輪廻することなく、すぐさま極楽往生を遂げるのは難しいものです。そこで、あえておうかがいいたします。どうすればたやすく往生が遂げられるのでしょうか」とお尋ねになりました。上人は「この身が今生において仏となるのは難しいことですが、極楽浄土への往生は遂げやすいものです。道綽禅師や善導大師のみ心によれば、阿弥陀さまの本願のお力を仰ぐことが往生への揺るぎないご縁となるのですから、悪業を犯す罪深い凡夫であろうとも、極楽浄土に往生するのです」とお答えになりました。

今度いかでか生死を解脱し侍るべきとの給うに、上人いかようにも御計らいには過ぐべからずと。座主又申されけるは、誠に然なり、但し先達にましませば、思い定め給える旨あらばしめし給えとなりとの給えば、其の時、自身の為には聊か思い定めたる旨侍り。ただはやく極楽の往生をとげんとなり。座主又申さるる様、順次の往生遂げがたきによりてしいてたずね侍り。いかがたやすく往生をとげんや。上人こたえ給わく、成仏は難しといえども往生は得やすし。道綽、善導のこころによらば、仏の願力を仰いで強縁とするゆえに罪悪の凡夫、浄土に生ずと。

【顕真法印との問答　其一・昭法全七一六】

（→類似法語・②20、106参照）

ある時（顕真）法眼が法然上人と対面し「いまだ罪業を断ち切れない心の散り乱れた凡夫は、どのようにすれば、死後、再び輪廻することなく、すぐさま極楽浄土に往生できましょうか」とお尋ねになりました。

すると上人は「この身が今生において仏となるのはたいへん難しいことですが、極楽浄土への往生はきわめて遂げやすいものです。善導大師のご解釈にしたがって『浄土三部経』を拝見すると、阿弥陀さまの本願のお力を往生への揺るぎないご縁とすれば、心が散り乱れ、仏さまや浄土の姿を想い留めることのできない凡夫であろうとも、阿弥陀さまの浄土へと往生するのです。ですから、自力によって煩悩を断ち仏の境地を目指す聖道門の教えにこだわって、阿弥陀さまの他力にすがって浄土往生を目指す真実の教えを疑ってはなりません」とお答えになりました。

有る時法眼、上人に対面していまだ罪障を断ぜざる散乱の凡夫、いかがして極楽に順次往生すべきやと問い給うに、上人、成仏は甚だ難く往生はもっとも易し。善導和尚の御釈をもって三部経を拝見するに仏の本願力を強縁として、乱想の凡夫*報仏の浄土に生ず。自力*聖道の執情をもって、他*力浄土の真門を疑うことなかれと答え給う。

【顕真法印との問答　其二・昭法全七一六】

20

比叡山延暦寺東塔の竹林房に住む静厳法印が、吉水の庵に住む法然上人のもとを訪れ、「どうすれば、今生を境に、*生死を繰り返す迷いの世界から離れ出られましょうか」と尋ねました。

上人が「私、源空こそお尋ねしたいと存ずるところです」とおっしゃると、法印は重ねて「学問上のご見解はともかくとして、迷いの世界を離れ出るにつけても、*智恵や徳を具え、さとりへの志も深いあなた様のことですから、必ずやご自身で心に思い定めている教えがおありになることでしょう」と述べました。

そこで上人は「源空は阿弥陀さまのご*本願に乗じ、極楽往生を心に期す以外、まったく何も存じません」とおっしゃいました。

延暦寺東塔、竹林房の静厳法印、吉水の禅房にいたりて、いかがして此のたび生死をはなれ候べきとの給いければ、源空こそたずね申したく侍れとこたえ申しけるに、法印又決択門はさる事にて、出離の道におきては、智徳いたり*道心ふかくましませば、さだめて安立の義候らんと申さるれば、源空は弥陀本願に乗じて、極楽の往生を期する外は、まったくしることなしと。

【竹林房静厳法印との対話・昭法全七二二】

21

京都大原の勝林院で、諸宗の高僧方と*聖道門・*浄土門の教えについて議論したことがありました。教理についての論議は互角でしたが、人間観においては私（源空）が勝っていました。「聖道門の教えは奥深いものではありますが、釈尊在世の時代から遙かな時を過ぎ、この*末法の時代に生きる我々に適うものではありません。浄土門の教えは浅いようではありますが、今時の人々には適いやすいものなのです」と申し上げました。そして*慈恩大師窺基（の作と伝えられる）『西方要決』の「末法の万年が過ぎ、あらゆる経典が悉く滅してしまった後も、阿弥陀仏による救済を説く『無量寿経』だけは残って人々を救い、その功徳はいよいよ増すばかりである」との一文を示したところ、その道理に皆深く納得し、お念仏の法門に帰依しました。

大原にして聖道浄土の論談ありしに、法門は牛角の論なりしかども機根くらべには源空は勝ちたりき。聖道門は深しといえども、時過ぎぬれば今の機に叶わず。浄土門は浅きに似たりといえども、当根に叶い易しといいし時、❶❷末法万年、余教悉く滅し、弥陀一教、物を利して偏えに増すの道理におれて人みな承諾し、念仏門に帰せり。

【信寂房に示されける御詞・昭法全七二〇】

（↓類似法語・②33参照）

❶『西方要決』 浄全六・六〇三下
❷『無量寿経』巻下 浄全一・三六／聖典一・一三五

22

今、書き進めている『選択集』の内容は、み仏の深淵な智恵についてではなく、その大いなる慈悲の心を述べたものです。お釈迦さまは、仏教が滅んでしまう時代が訪れることを悲しまれ、それでも百年の間お念仏のみ教えを止め続けようと阿弥陀さまの名号を示して後の世に広め伝えようとされました。この書は、私、源空の知識や見解ではありません。お釈迦さまの慈悲の心を汲みとったものなのです。もしこれが、お釈迦さまの善き巧みな手だてであるならば必ずやお念仏のみ教えは留まり続けるでしょう。

今選ずる所の者は智恵の分にあらず、仏の大慈悲を宣ぶるなり。彼は経道滅尽を悲しみて止住百歳の為に其の名を在めて流通せしむ。是れは私の智解にあらず、仏の慈悲を選択する所なり。若し仏の善巧に依らば必ず止住すべきなり。

【選択集執筆時、安楽真観証空との問答・昭法全七〇四】

第三章　阿弥陀仏の救い

慈悲よりも勝れて尊いものです。なぜなら「迷いの世界から抜け出せずにいる衆生が称える、わずか十遍や一遍の念仏の*功徳によって、この者たちをさとりの世界である*報土へ往生させよう」という*本願をお誓いになり、それを成就されたからです。阿弥陀さまの名号が他の諸仏の名号に勝れて尊いといわれるのも、阿弥陀さまが法蔵菩薩であられた時、本願としてお誓いになった名号だからです。そうでなければ、お念仏は報土に往生するための業因とはなり得ません。それこそ他の諸仏の名号と同じ功徳になってしまいます。

> ❶設し我れ仏を得たらんに、*十方の衆生、至心に信楽して我が国に生ぜんと欲して、乃至十念せんに、若し生ぜずんば、正覚を取らじ。云々。（中略）阿弥陀仏の御慈悲は、余仏の慈悲にすぐれたまえり。そのゆえは、この常没の衆生を十声一声の称名の功力をもって、無漏の報土へ生ぜしめんと云う御願によってなり。阿弥陀仏の名号の、余仏の名号にすぐれたまえると云うも、因位の本願にたてたまえる名号なるがゆえに勝れたまえり。しからずば、報土の生因となるべからず。余仏の名号に同ずべし。
>
> 【四箇條問答・昭法全六九九】

25

そもそも阿弥陀さまの本願とはどういったものかといえば、それは次のようです。本願とは、すべてのみ仏が等しく発される総願と、それぞれのみ仏が個々に発される別願との両者に相い通ずるものです。両者とも本願ではありますが、それぞれの意味は別々であり、本願といえば別願を指しています。本願とは、菩薩が成仏する以前の「本の位」において誓われる「願い」を呼び習わしたものです。「本の位の願い」とは、阿弥陀さまが法蔵菩薩であられた昔、「迷いの世界から抜け出せずにいる衆生を、わずか一遍でも称えた念仏の功徳によってわが浄土に往生させよう」というものです。こうした由縁によって本願というのです。

抑、阿弥陀仏の本願と云うは、いかなる事ぞと云うに、本願と云うは、惣別の願に通ずといえども、言摠意別にて、別願をもて本願とはなづくるなり。本願と云うことは、もとのねがいと訓ずるなり。もとのねがいと云う

❶『無量寿経』巻上　浄全一・七／聖典一・二八

は、法蔵菩薩の昔、❶常没の衆生を、一声の称名のちからをもって、称してん衆生を、我が国に生ぜしめんと云うことなり。かるがゆえに本願というなり。

【四箇條問答・昭法全六九九】

❶『無量寿経』巻下　浄全一・二〇／聖典一・七三

26

およそ、*生死を繰り返す迷いの世界を離れ出る修行は一つではありません。とはいえ、「まずは極楽浄土に往生しようと願いなさい、阿弥陀さまを念じなさい」との教えは、お釈迦さまが一生涯をかけて説かれた教えの中でも、とりわけ広くお勧めになっているものです。そのわけは、阿弥陀さまが*本願を発されて「わが名号を称える者が、わが浄土に往生しなければ私は仏とはならない」とお誓いになり、すでに仏となられている以上、この名号を称える者は必ず往生するからです。

臨終の時、(阿弥陀さまは)浄土にいる多くの聖者と共にお来しになり、必ず迎え摂ってくださるのですから、悪業の報いでさえも往生の障害とはならず、人の心を惑わし妨害しようとするいかなる悪魔であっても往生を妨げることなどできません。男女の性別、身分の上下を選ぶことなく、善人悪人*を分け隔てることもないのですから、心から阿弥陀さまの名号を称えれば、往生しないことなどないのです。たとえば重い石であっても、舟に乗せたならば沈むことなく果てしない大海原を渡り切ることができるようなものです。私たちの罪深さは、あたかも重い石のようなものですが、本願という舟に乗ったならば、生死を繰り返す迷いの世界という海に沈むこともなく、必ず往生を遂げるのです。自分が罪深いからといって、決して本願の不思議なはたらきを疑ってはなりません。これを他力の往生と言うのです。自分の力で生死の世界を離れ出ようとするには、悪業の報いや煩悩（ぼんのう）を自ら断じ尽くしてから、浄土にも往生し、さとりにも至るのだと教えられています。こうした自力の道のりは、自らの足で険しい道を歩み進んでいくようなものです。

およそ生死をいずるおこない一つにあらずといえども、まず極楽に往生せんとねがえ、弥陀を念ぜよという事、釈迦一代の教にあまねくすすめ給えり。そのゆえは、阿弥陀仏の本願をおこして、❶わが名号を念ぜん者、わが浄土にうまれずば正覚（しょうがく）をとらじとちかいて、すでに正覚をなり給（たも）うゆえに、この名号をとなうるものはかならず往生するなり。臨終の時、もろもろの聖衆とともにきたりて、かならず迎接し給うゆえに、悪業としてさうるものなく、魔縁としてさまたぐる事なし。男女貴賤をもえらばず、善人悪人をもわかたず、心をいたして弥陀を念ずるに、うまれずという事なし。たとえばおもき石をふねにのせつれば、しずむ事なく万里のうみをわたるがごとし。悪業のおもき事は石のごとくなれども、本願のふねにのりぬれば生死のうみにしずむ事なく、かならず往生するなり。ゆめゆめわが身の罪業によりて、本願の不思議をうたがわせ給うべからず。これを他力の往生とは申すなり。自力にて生死をいでんとするには、煩悩悪業を断じつくして、浄土にもまいり菩提にもいたると習う。これはかちよりけわしきみちをゆくがごとし。【十二箇條の問答・昭法全六七三】

❶『無量寿経』巻下　浄全一・七／聖典一・二八

27

阿弥陀さまは、悪業を重ねるばかりの衆生を救おうと、*生死を繰り返す迷いの世界という大海原に、大いなる誓いの船を浮かべられました。たとえば一艘の船に重たい石と軽い苧殻をともに積んで、向こう岸に辿り着くようなものです。*本願がこの上もなく素晴らしいのは、（罪の軽重にかかわらず）いかなる衆生であろうとも、（浄土往生のためには）ただお名号を称えるほかには何も問わないところです。

阿弥陀仏は悪業の衆生を救わんために、生死の大海に弘誓のふねをうかべ給えるなり。たとえばふねにおもき石、かろきあさがらをひとつふねにいれて、むかいのきしにとづくがごとし。本願の殊勝なる事は、いかなる衆生も、ただ名号をとなうるほかは、別の事なきなり。

【念仏往生要義抄・昭法全六八五】

28

仏の教えを知らずに罪を犯してしまう人もお念仏を称えて往生を遂げる、これこそ阿弥陀さまがあらゆる衆生を救おうと誓われた*本願の真意なのです。

無智の罪人の念仏申して往生する事、本願の正意なり。

29

（甘糟太郎忠綱が法然上人に）「弓矢を執って戦う武士の家業を捨てることなく、極楽往生という一生の願いを遂げる道がもしあるならば、お願いでございますから、一言、お教えください」と申し上げたところ、上人は次のようにおっしゃいました。

「あらゆる衆生をお救いくださる阿弥陀さまの*本願は、善人*悪人を問わず、称えるお念仏の多少を論ぜず、その身が清らかであるかないかを分け隔てず、時や処、状況などに左右されることがないので、どのような死に方をしても往生は叶います。ですから、罪深い人もそのままお名号を称えれば往生するのです。これこそ人知を超えた本願の*功徳と言えましょう。武士の家に生まれ、たとえ出陣して命を落そうとも、お念仏を称えれば阿弥陀さまの本願に乗じてお迎えいただけるのです。このことは決して疑ってはなりません」と。

上人がこのように詳しく仰せになったので、忠綱の不安は晴れました。

30

弓箭の家業をもすてず、往生の素意をもとぐる道侍らば、ねがわくは御一言をうけ給わらんと申しければ、上人おおせらるる様、弥陀の本願は、機の善悪をいわず、行の多少を論ぜず、身の浄*不浄をえらばず、時処諸縁をきらわざれば、死の縁によるべからず、罪人は罪人ながら、名号をとなえて往生す、これ本願の不思議なり。弓箭の家にうまれたる人、たとい軍陣にたたかい、命をうしなうとも、念仏せば、本願に乗じ、来迎にあずからん事、ゆめゆめ疑うべからず、とこまかにさずけ給いければ、不審ひらけ侍りぬ。【甘糟太郎忠綱に示す御詞・昭法全七一七】

禅勝房が次のように尋ねました。「極楽浄土には九とおりの往生のありさまがあると説かれていますが、それは阿弥陀さまの*本願にもとづいて設けられたのでしょうか」と。

すると法然上人は次のようにお答えになりました。「極楽浄土での九とおりの往生のありさまは、阿弥陀さまが本願に誓われたことではありません。四十八の誓願にはないことです。これは、お釈迦さまが衆生を正しく導くために用いた、巧みな教説なのです。お釈迦さまは、もしも、善人も*悪人も同じ所に往生すると説いてしまったら、悪業を重ねる者たちが等しく慢心を懐くに違いないと危惧されて、極楽浄土でのありさまに差異を設け、善人は上品に往生し、悪人は下品に往生すると説かれたのです。(ご不審があるなら)すぐさま往生を遂げてお確かめください」と。


問うて云わく。極楽に*九品の差別有る事、弥陀本願の構えと為すべきか。

答えて云わく。極楽の九品は弥陀の本願にあらず、更に四十八願の中に無し、是れ釈尊の巧言なり。若し善人悪人一所に生ずと説かば、悪業の者、等しく慢心を起こすべきが故に、品位の差別有らしめ、善人は上品に進み、悪人は下品に下ると説くなり。急ぎ参りて見るべし。

【禅勝房に示されける御詞　其四・昭法全六九七】

30-2

問う、極楽に*九品の差別の候事は、阿弥陀仏のかまえたまえる事にて候やらん。

答う、極楽の九品は弥陀の*本願にあらず、四十八願の中になし、これは釈尊の巧言なり。善人悪人*一処にうまるといわば、悪業のものども、慢心をおこすべきがゆえに、品位差別をあらせて、善人は上品にすすみ、悪人は下品にくだるなりと、ときたもうなり。いそぎまかりてしるべし。云々。

【十二問答・昭法全六三二】

31

私、源空は宮中へ昇殿できるような器量ではありませんが、御上からのお召しにより二度ほど参りました。これは、私など昇殿できるはずもなかったところを、御上のお力によってそうした次第になったのです。ましてや阿弥陀さまのお力によって、お念仏を称えれば往生を叶えるとの*本願どおりに来迎してくださることに、いかなる不審がありましょうか。

「このわが身は罪深く、無智の身であるから、阿弥陀さまはいったいどのようにしてお救いくださるのであろう」と思う人は、阿弥陀さまの本願をまったく知らない人です。このような迷い多き人たちを、いともたやすく救い助けようと本願に誓われた名号を称えつつ、疑う心など微塵も抱いてはなりません。なぜなら、阿弥陀さまの本願にいう「あらゆる世界の衆生」には、智慧のある者もない者も、罪のある者もない者も、善人も*悪人も、戒を守れる者も守れない者も、男性も女性も、仏法僧の*三宝がすべて消え去ってしまった後、さらに百年の間の人びとまでも、みな含まれているのです。（中略）自力による浄土往生など思いもよらない罪深い者でも、お念仏を称えるからこそ、阿弥陀さまの本願に導かれて極楽に往生することを「他力本願」とも、「世にも勝れた、この上ない大悲の願」ともいうのです。

> 源空は殿上へまいるべききりょうにてはなけれども、上よりめせば、二度まいりたりき。これわがまいるべきしきにてはなけれども、上の御ちからなり。まして阿弥陀仏の仏力にて、称名の願にこたえて来迎せさせたまわん事をば、なんの不審かあるべき。自身の罪のおもく無智の者なれば、仏もいかにしてすくいましまさんとおもわんものは、つやつや仏の願をもしらざるものなり。かかる罪人どもを、やすやすとたすけすくわんりょうに、おこしたまえる本願の名号をとなえながら、ちりばかりも疑心あるまじきなり。*十方衆生の願のうちに、有智無智、有罪無罪、善人悪人、持戒破戒、男子女子、三宝滅尽ののち百歳までの衆生、みなこもれるなり。（中略）

我が力にては思いよるまじき罪人の念仏するが故に、本願に乗じて極楽にまいるを、他力の本願ともいい、超世の悲願ともいうなり。

【十二問答・昭法全六三七】

31-2

源空は殿上へまいるべききりょうにてはなけれども、上よりめせば二度まいりたりき。これわがまいるべきしきにはなけれども、上の御力なり。まして阿弥陀仏の御力にて、称名の願にこたえて来迎せさせ給わん事をば、なにの不審かあらん。自身のつみおもくして無智なれば、仏もいかにしてかくすくい給わんなど思わんは、つやつや仏の願をしらざる人なり。かかる罪人をやすやすとたすけんりょうに、おこし給える*本願の名号をとなえながら、ちりばかりもうたごう心あるまじきなり。*十方衆生の中には有智無智、有罪無罪、善人*悪人、持戒破戒、男子女人、*三宝滅尽ののちの百歳までの衆生みなこもれり。

【高階入道西忍に示されける御詞並に御歌　其三・昭法全七〇九】

31-3

源空は殿上へ参るべき器量にあらずと雖も、上より召せば二度まで殿上へ参りたりき。此れ我が参るべきの式にあらず、上の御力なり。何に況や阿弥陀仏の御力にて、称名の願に酬い来迎せさせたまわん事、何の不審か有る。自身は罪も重く、無智の者なれば、云何んが往生を遂ぐと疑うべからず。もし此くの如く疑う者は、一切に仏の願を知らざる者なり。此くの如き罪人を度せんが為に発す所の本願なり。此の名号を唱えながら、努力々々疑心有るべからず。云々。十方衆生の願の中に、有智無智、有罪無罪、善人悪人、持戒破戒、男子女人、乃至三宝滅尽の後の十歳の衆生までも漏るること無し。

【禅勝房に示されける御詞　其四・昭法全六九八】

32

お念仏を称える人は、（自分を偽ったり飾りたてたりすることなく）ただ生まれついたそのままで称えれば浄土へ往生するのです。（中略）智慧ある者は智慧あるままに称えて往生し、愚かな者は愚かなままに称えて往生し、仏道を志す人も称えて往生し、その志のない人も称えて往生し、邪な心になってしまった人も称えて往生するのです。富める者も貧しい者も、欲の深い者も意地の悪い者も、慈悲の深い者もそうでない者も、阿弥陀さまの本願の不思議なお力にあずかり、お念仏さえ称えればすべての人が往生するのです。たとえば、陽が昇れば大地の高い低いを嫌うことなくあらゆる場所を照らし、月が明明と照らせば水の浅い深いを選り好みすることなくその姿を映し出すようなものです。第十八念仏往生の一願は万人を摂め取ろうと阿弥陀さまが発してくださった本願です。ですから、あれこれと理屈をこねて往生が叶う器か否かを自分で判断などせず、お念仏さえ称えれば誰もが皆往生するのです。

> 念仏の機は、ただ生れ付きのままにて、申してうまるるなり。（中略）智者は智者にて申して生れ、愚者は愚者にて申して生れ、道心有る人も申して生れ、*道心なきも申して生れ、邪見に生れたる人も申して生る。富貴のものも、貧賤のものも、欲ふかきものも、腹あしきものも、慈悲あるものも、慈悲なきものも、本願の不思議にて念仏だにも申せば、みな往生するなり。たとえば日の出でぬれば、地の高低を嫌わず、みな照らし、月の明なれば水の浅深をえらばず、影を浮かすが如し。念仏の一願に万機をおさめて発し給える本願なり。ただこざかしく機の沙汰をせずして、念仏だにも申せば、皆悉く往生するなり。
>
> 【十二問答・昭法全六三九】

33

念仏往生の教えは難解で奥深いものであると説く人は、まったく本願の真意を知らない人と心得なさい。（そうした人たちに言わせれば）私、源空の身が検校や別当などといった高い位についてこそ往生は叶うのであって、生まれつきの法然房という一介の僧では往生できないということになります。（本願に救われるのですから、）長年学び身につけてきた智慧とて往生のためにはなんの役にも立ちません。けれども、学んできた結果、このように気付くことができたのは思いがけずありがたいことです。

念仏往生の義をかたくふかく申さん人をば、つやつや本願をしらざる人と心得べし。源空が身も、検校別当共が位にて往生はせんずる。本の法然房にてはえも候わじ。年来習いたる智恵は、往生の為には用にもたたず。されども習いたるかいに、必ず此くの如く知りたるは無量の事なり。

【十二問答・昭法全六三九】

（↓類似法語・②54参照）

34

ある人が「悪を止めて善を修めようと、常に心がけてお念仏するのと、常に*ご本願を仰ぎながらお念仏するのとでは、どちらが勝れているでしょうか」と尋ねました。

上人は「悪を止めて善を修めよ、とは、あらゆる仏さまが等しく誡めた教えではありますが、今の世の私たちは皆、これに背いてしまっています。（そうした私たちであるにもかかわらず）もし阿弥陀さまが発された誓願に自身をゆだねないのであれば、この*生死の迷いの世界を離れ出るのは難しいのではないでしょうか」とお答えになりました。

ある人問うていわく、つねに廃悪修善のむねを存じて念仏すると、つねに本願のむねをおもいて念仏すると、いずれがすぐれて候。
答えての給わく。廃悪修善は、これ諸仏の通誡なりといえども、当世のわれらことごとく違背せり。もし別意の*弘願に乗ぜずば、生死をはなれがたきものか。

【信空上人伝説の詞　其一・昭法全六七〇】

35

（↓類似法語・264、②41参照）

お尋ねします。正行と雑行はいずれも本願の行なのでしょうか。

お答えします。お念仏は本願の正行です。本願の名号とは、阿弥陀さまが、あらゆる世界の過去・現在・未来にわたる仏・菩薩に見捨てられてしまった取るに足らない者を救おうと、五劫というとてつもなく永い時間をかけて思いを巡らしてくださった賜であり、六道に苦しむ者のためにお授けになって、しかもそれを手がかりにして衆生を救い摂ろうと用意してくださったものです。雑行も本願の行であると言い張る人は、仏が具えている五智を疑うことになるので、たとえ往生したとしても極楽の辺地にとどまってしまいます。そしてそうした人は、極楽で阿弥陀さまにお会いしてその教えを拝聴するという功徳からも、往往にして漏れてしまう者なのです。これは、偽りを言って人を陥れようとする者が仏道を求める心もないままに、比叡山や園城寺（三井寺）などの僧徒に称讃されようと、仏のみ心をかえりみないままに言い出したことなのです。

36

問う。正雑二行ともに本願にて候か。

答う。念仏は本願なり。十方三世の仏菩薩にすてられたるえせ物をたすけんとて、五劫まで思惟し、六道の苦機にゆずり、これをたよりにてすくわんと支度し給える本願の名号なり。ゆめゆめ雑行本願という者は、仏の五智をうたがいて辺地にとどまるなり。見仏聞法の利益にしばしばもるる者なり。これは誑惑のものの道心もなきが、山寺法師なんどにほめられんとて、仏意をばかえりみずいいだせる事なり。【東大寺十問答・昭法全六四三】

わずかばかりの智慧があっても往生浄土の志を抱かない人は、智慧がなくともそうした志を抱く人に千倍も万倍も劣ることとなります。ですから、たとえ智慧はなくともお念仏を称えれば、阿弥陀さまの本願に適っているのですから必ず往生するのです。わずかばかりの智慧があっても、往生浄土の志を抱かない人は、自らの欲にまみれたまま人びとに勝手な教えを説いたり、嘘やまやかしを吹聴したりして、必ずや地獄に堕ちることでしょう。

小智のものの*道心なからんは、無智の人の*道心あらんには、千重万重のおとりなり。かるがゆえに無智の人の念仏は本願なれば往生すべし、小智のものの道心なからんは、あるいは不浄説法、あるいは虚説妄談をして、決定地獄におつべし。

【東大寺十問答・昭法全六四五】

37

極楽往生を願っているわけでもなく、（その上）お念仏をお称えにならないことこそ、まさに往生の障害なのです。（いかなる人をも平等に救い摂ろうと誓われているのですから）阿弥陀さまの*本願は「他力の本願」とも、「世を超えてすぐれた慈悲深き願」ともいうのです。

極楽のねがわしくもなく、念仏の申されざらん事のみこそ、往生のさわりにてはあるべけれ。かるがゆえに他力の本願とも超世の悲願とも申すなり。

【高階入道西忍に示されける御詞並に御歌　其三・昭法全七一〇】

（→類似法語・137参照）

37-2

極楽の欣われず、念仏の信ぜられざらん事、行者は往生の障りと成るべし。故に他力の願と云い、超世の願と云うなり。

【禅勝房に示されける御詞　其四・昭法全六九九】

第二節　あらゆる仏の証

38

『阿弥陀経』に「たとえ、わずか一日でも二日でも、あるいは七日でも、阿弥陀仏の名号を心に忘れず一心不乱に称えたならば、その人のいのちが終わろうとする時、阿弥陀仏が多くの*菩薩とともに、その人の前に現れる。するとその人は、臨終に心散り乱れることなく、阿弥陀仏の極楽浄土への往生が叶う」と説かれています。この教えを説かれた時、「それはお釈迦さまお一人がおっしゃっていることだから……」と、人びとが信じないことを心配して、*六方の世界にまします仏さまが広く長い舌を出されてそれぞれ*三千大千世界を覆い尽くし、「もし、（念仏を称えれば往生が叶うという）釈迦の所説が嘘偽りであれば、我々が出した広く長い舌は、破れただれて決して口に戻ることはないであろう」と誓われたのです。

阿弥陀経に、❶もしは一日もしは二日乃至七日、名号を執持して一心不乱なれば、その人命終の時に、阿弥陀仏もろもろの聖衆と、現にその人のまえにましますと。おわる時心顚倒せずして、阿弥陀仏の極楽国土に往生する事をうという。この事をときたもう時に、釈迦一仏の所説を信ぜざらん事をおそれて、六方の如来同心同時におのおの*広長の舌相をいだして、あまねく三千大千世界におおいて、もしこの事そらごとならば、わがいだすところの広長の舌やぶれただれて、くちにかえりいる事あらじと、ちかいたまいき。

【要義問答・昭法全六二七】

❶『阿弥陀経』浄全一・五四／聖典一・二〇二

第三節　わが師、善導

39 浄土往生のみ教えを説く高僧は数多くいらっしゃいますが、みな、さとりを目指す心を発すように勧め、また静めた心で浄土のありさまを想い浮かべる観察がもっとも大切な修行であるとしています。ところが、ただ善導大師お一人のみが、さとりを目指す心を発せとは勧めず、また観察の行についても称名に心を向かわせるための行にすぎないと結論付けられました。

今の世に生きる人々は、善導大師のみ心によらなければ、往生を叶えるのは容易ではありません。曇鸞大師・道綽禅師・懐感禅師などはみな浄土往生のみ教えを伝えたお祖師さまではありますが、その教えは必ずしも同一ではありません。このことはよく了解しておかなければなりません。これをわきまえない者は、往生を遂げることの難易について、理解することができないのです。

浄土の人師おおしといえども、みな菩提心をすすめて、観察を正とす。ただ善導一師のみ、菩提心なくして、観察をもって称名の助業と判ず。当世の人善導の心によらずば、たやすく往生をうべからず。曇鸞・道綽・懐感等、みな相承の人師なりといえども、義においてはいまだかならずしも一準ならず、よくよくこれを分別すべし。このむねをわきまえずば、往生の難易において存知しがたき物なり。【信空上人伝説の詞其一・昭法全六六九】

（↓類似法語・②70参照）

40

ある時、法然上人が私、聖覚に次のようにおっしゃいました。

「私、源空はすでに善導大師のご解釈に帰依して、その真意を理解いたしました。その真意とは、心乱れる凡夫が、静めた心に仏さまのお姿や浄土のありさまを想い浮かべずとも、ただ称名の一行をたよりに阿弥陀さまのご本願を往生の増上縁として頂戴し、命終の後、速やかに極楽の世界に往生するということにあります。ただ、私自身、必ず往生することを疑ってはおりませんでしたが、煩悩に閉ざされて悩み苦しむ有縁の方々にもお勧めして、極楽浄土への往生を遂げていただきたいと願っていました。このように念仏往生を勧めることが正しいことか否か、なかなか判断しがたいと考えあぐね心を煩わせていたある夜のこと、一人の僧が夢のなかに現れました。腰より上は墨染めの衣を、腰より下は金色の衣をお着けになっていました。私は頭を下げて合掌し『お上人はどなたさまでしょうか』と尋ねると、夢のなかの神秘的な僧はこう答えました。『我は善導である。汝が専修念仏の教えを説き広めようとの考えに至った道理は、私の解釈と違うところではない。私の解釈は諸仏にその証明を請い求め、すでに証明をいただいているのである。したがって諸仏のみ心と異なるところはないのだから、是非とも説き広めよ。衆生を導き利益をもたらすこと、もっとも多大であろう』と。そこで私が伏してお願い申し上げました。『そうであるならお上人さま、私に浄土門の教えを直々にお授けくださり、私自身、その教えが信じられるように、また他人にも教えられるようにしてください』と。すると善導大師は『それは善いことだ、善いことだ。諸尊諸菩薩も、汝の願いのままに浄土の教えをお授けくださるだろう』と答えられました。そして私は『浄土三部経』や黄金にもたとうべき善導大師の四部八巻の著作（いわゆる五部九巻のうち、ここでは『般舟讃』を除く）を敬いの心を捧げつつ授けていただきましたが、その際は礼儀正しく丁重に頂戴いたしました」。

有る時上人、予に示して云わく、源空已に導和尚の釈に帰して其の元意を得たり。其の元意とは乱想の凡夫、但、無観称名の一行に依りて仏の本願をもって増上縁として、順次に極楽世界に往生するなり。但、自身の往生は決定して疑いなし。然るに有縁の蒙昧を勧進して浄土に生ぜしめんと欲う。所見の義務、是とやせん、非とやせん、凡そ智弁難しと、かく思惟して心に念じ労う夜の夢中に、一人の僧あり。腰より上は墨染め、裳より下は金色なる宝衣を著し給う。予、低頭合掌して問うて云わく、大徳は誰人ぞや。霊僧答え給わく、我はこれ善導なり。汝、専修念仏を弘通せんと欲する料簡の義理、我が釈文に違わず、釈文は即ち是れ証を請うて定め畢んぬ、是の故に兼ねては又仏意に違わず、よろしく弘通すべし、化益もっとも多からん。予、伏して請うて曰く、大徳然るべくば浄土の教門、面授口決して自らも信じ他をも教えしめ給え。和尚示しての給わく、善い哉、善い哉、菩薩大聖、浄土の教法、願に随いて授与せんと。仍って三部契経、八軸の金典〔今九帖の書の中般舟讃を除く〕敬って付属を蒙ること慇懃鄭重なりきと。

【聖覚法印に示されける御詞　其三・昭法全七三四】

第四節　浄土門の流れ

（↓類似法語・②61参照）

41

恵心僧都源信の『往生要集』の序文にも「顕教にしろ密教にしろ、その教えを説く文は一様ではない。事や理を行ずるにしても、その修法は数多い。秀でた智慧を持ち精進を重ねた者であれば、そうした修行の完成は難しいものではない。しかし私（源信）のように物わかりの鈍い愚か者が、どうしてたやすく修められるというのだろうか。そこで、念仏一行の教えをよりどころにして、それに関する大切な文章を経典や論書から集めた。本書をひもとき修めるならば、さとり易く、行じ易いであろう」とあります。そこに引かれたさまざまな典拠をよくよく見定めるべきで、私たちがみ教えに優劣をつけて選び出すのではなく、私たちの身の程にはどのような教えがふさわしいかを見極めることこそが大切なのです。

私たちの自力では生死の迷いの世界を離れ出ようにも、励むことすらかなわないので、ただ阿弥陀さまの本願という他力をひたすら頼みとするのです。先達方もそこに思い至ったからこそ、道綽禅師は聖道の教えを捨て去って浄土門に入り、善導大師はあらゆる修行をやめてひたすらお念仏に専念しているうち、いつしか阿弥陀さまのお姿が目の前に拝見できるようになりました。わが浄土宗の祖師方はこのように教えを継承してこられましたが、今はお二人だけを取り上げました。日本にも恵心僧都や永観律師などが現れ、ご自分の宗派の人にも他の宗派の方にも、ひとえにお念仏の教えをお勧めになったのです。

仏道修行を、もっぱらお念仏を称える「専修」と、その他の行を修める「雑修」の二種に分類することは、私、法然がはじめて申したわけではありません。

> 往生要集の序にも❶顕密の教法、その文ひとつにあらず、事理の業因、その行これおおし、利智精進の人は、いまだかたしとせず、予がごときの頑魯のもの、たやすからんや。このゆえに念仏の一門によりて、経論の要文をあつむ、これをひらき、これを修するに、さとりやすく行じやすしとい

う。これらの証拠あきらめつべし、教をえらぶにはあらず、機をはかろうなり。わがちからにて生死をはなれん事、はげみがたくして、ひとえに他力の弥陀の本願をたのむなり。先達たちおもいはからいてこそは、道綽は聖道をすてて浄土の門にいり、善導は*雑行をとどめて、一向に念仏して*三昧をえたまいき。浄土宗の祖師、次第にあいつげり、わずかに一両をあぐ。この朝にも恵心・永観などいう、自宗他宗、ひとえに念仏の一門をすすめたまえり。専雑二修の義、はじめて申すにおよばず。

【要義問答・昭法全六一八】
（↓類似法語・②12参照）

❶『往生要集』巻上本　浄全一五・三七上

42

お尋ねします。浄土に往生する教えについては、まずはどのような書物を通して親しめばよいのでしょうか。

お答えします。経典であれば『無量寿経』『観無量寿経』『阿弥陀経』で、これらを「浄土三部経*」と名づけています。経典の解説書であれば（中国の方では）*善導大師の『観経疏』『往生礼讃』『観念法門』、*道綽禅師の『安楽集』、*慈恩大師の（作と伝えられる）『西方要決』、*懐感禅師の『群疑論』、*天台大師の（作と伝えられる）『浄土十疑論』、わが国の方では*恵心僧都の『往生要集』などが、人びとによく読まれている書物です。ただし、どの書物をご覧になろうとも、それらの所説をよくよく心得られてお念仏をお称えになれば、どうして往生することに疑いなどありましょうか。


問う。浄土の法門に、まずなになにをみてこころづき候なん。

答う。経には双巻・観無量寿・小阿弥陀経等、これを浄土の三部経となづく。文には善導の観経の疏・六時礼讃・観念法門、道綽の安楽集、慈恩の西方要決、懐感の群疑論、天台の十疑論、わが朝の人師恵心の往生要集なんどこそは、つねに人のみるものにて候え。ただなにを御覧ずとも、よく御こころえて、念仏申させたまわんに、往生なにかうたがい候べき。

【要義問答・昭法全六二〇】

第四章　お念仏——御名を称えて

44

（善導大師は次のように釈されています）「正行の中にも二種がある。一つには、阿弥陀仏が自ら選び取られ正しく往生が定まった行、二つには念仏に心を向かわせる手助けとなる行である。称名正行を正定業とし、礼拝正行や読誦正行などを助業と名づける」と。

❶『観経疏』散善義巻四　浄全二・五八下／聖典二・二二五

❶正行の中にまた二つあり。一つには正、二つには助。称名をもっては正とし、礼誦等をもちては助業となづく。

【要義問答・昭法全六一七】

❶『観経疏』散善義巻四　浄全二・五八下／聖典二・二二六（趣意）

45

法然上人が（まだ比叡山で修行されていた）ある時、師匠の慈眼房叡空上人に「往生のための行業で、称名念仏に勝るものはありません」と申し上げると、叡空上人は、静めた心に仏さまのお姿や極楽のありさまを思い描く観想の念仏こそが勝れている旨を話されました。それに対し法然上人が「称名念仏は阿弥陀さまが*本願に誓われた行ですから、他のいかなる行にも勝れているのです」と申し上げると、叡空上人は「我が師匠、*良忍上人も、観想念仏が勝れていると仰せであった」とおっしゃいました。そこで法然上人が「良忍上人とはおっしゃいますが、私たちよりも先にお生まれになっただけではありませんか」と申し上げると、叡空上人はいよいよ立腹なさいました。

すると法然上人はさらに次のように申し上げました。

「*善導大師も『観経疏』に『観経には定善と散善との二つの行が説かれているが、阿弥陀仏の本願に照らし合わせてみると、釈尊の本意は、あらゆる衆生にただひたすら阿弥陀仏の名号を称えさせることにあったのだ』と解釈されています。このように、称名念仏の方が勝れていることは明らかです。経論を十分にお読みになられもせず……」と。

あるとき上人、往生の業には、称名にすぎたる行、あるべからずと申さるるを、慈眼房は、観仏すぐれたるよしをの給いければ、称名は本願の行なるゆえに、まさるべきをたて申したもうに、慈眼房、又、先師良忍上人も、観仏すぐれたりとこそおおせられしかとの給いけるに、上人、良忍上人も、さきにこそうまれ給いたれと申されけるとき、慈眼房腹立したまいければ、善導和尚も、❶上来、定散両門の益を説きたもうと雖も、仏の本願に望むれば、意衆生をして、一向に専ら弥陀仏の名を称せしむるに在り、と釈したまえり。称名すぐれたりということあきらかなり、聖教をばよくよく御覧給わでとぞ申されける。

【叡空上人との問答　其一・昭法全七二六】

❶『観経疏』散善義巻四　浄全二・七一下／聖典二・一五三

46

（法然上人がまだ比叡山で修行されていた）ある時、比叡山黒谷の静かな草庵で師匠の叡空上人が、恵心僧都（源信）の『往生要集』についての講義をされていました。叡空上人は「恵心僧都はお念仏について、静めた心に阿弥陀仏の姿や極楽浄土のありさまを思い描く観想念仏と、口に南無阿弥陀仏と称える称名念仏との二つに分け、さらに称名念仏を観想念仏の一部に収めとり、観想念仏こそが勝れている旨を明かされた」と、恵心僧都の説をまとめました。すると末席にいた法然上人が「それは違います。観想念仏を収めとった称名念仏こそ正しい念仏のあり方と受けとめるのが我々の立場です。『往生要集』の序文を読み返してその趣旨をおくみとりください。『念仏の一門に依る』などと書かれているではありませんか。その一節を無視して、どうして観想念仏こそが勝れているという道理を立てようとするのでしょうか」と尋ねました。

それを聞くと叡空上人はご立腹なさって「我が師匠、良忍上人も観想念仏こそが勝れているとおっしゃっていたのだ。お前は、誰から教えられて称名念仏が勝れているなどと主張するのだ」と声を荒げました。法然上人が「この件については、お師匠さまの仰せに従うわけにはまいりません。なぜならば、さまざまな経典や論書を見ると、それぞれの一部始終については、その序文や題名に立ち帰って検討することが通例だからです。ですから先ほども申し上げましたように、『往生要集』序文の『念仏の一門に依る』などの文章に照らし合わてみれば、（称名念仏こそが勝れているという）道理がよりはっきりします。経論を十分にお読みになられもしないで……」と反論されました。

次の瞬間、叡空上人が「こざかしい若僧だ！」と木枕を投げつけると、法然上人は傍らに身を隠しました。あとになって叡空上人が、よくよく『往生要集』を読み返してみると、「法然の述べたことがその文章の本意であり、観想念仏は称名念仏とはまったく比較のしようもないものだ」とお気づきになり、後日、叡空上人が仏典を講義する際、法然上人をその補佐役に任ぜられました。

或る時黒谷の幽栖にして、叡空上人、往生要集を談ぜられるに、観称の二をたてて称名を観仏にいれて、観仏すぐれたるよし、義を成ぜられければ、上人末座に列して、この義然るべからず。称が家の観なり、さればこそ序にかえりて其の意を得べし、❶念仏一門に依る云々。如何が此の文を消して観仏によるという義を立てんやとのたもう。ここに房主腹立たして云わく、先師良忍上人も観仏すぐれたりとこそおおせられしか。御房はいずくより相伝して称名すぐれたりという義をばたてらるるぞやと。聖人云わく、此の條においては貴命にしたがいがたし。そのゆえは、経論章疏をみるに、一部始終を序題にかえし料簡する是れ故実なり。しかるにさきにのぶるがごとく、その文にむかうに義理いよいよ明らけし。よくよく聖教をば御覧候わでと。云々。其の時叡空上人、こざかしき小僧かなとて、木枕とりてなげうちにしたもう、聖人かたわらへたちかくれたまいけり。後によくよく文をみるに、聖人の立義、文にかない理をふくめり。観仏はまことに称名にはあらそうべきにあらざりけりと見なおされければ、後日に聖人を読師の座に囑せらる。

【叡空上人との問答　其二・昭法全七二七】

❶『往生要集』巻上本　浄全一五・三七上

47

観想念仏と称名念仏の勝劣について。

法然上人が「阿弥陀さまが称名念仏を本願*の行として定められたのですから、称名に勝る行があろうはずもありません」と申し述べると、法然上人の師匠であった慈眼房*叡空上人が「観想念仏が勝れ、称名念仏はそれに劣るものである」とおっしゃいました。法然上人がなお、称名念仏が勝れていると主張されたので、叡空上人は立腹されて枕を手に取り、法然上人の背中を叩いて「我が師匠、*良忍上人も観想念仏が勝れていると仰せであったのだ」とおっしゃいました。

するとと法然上人は「良忍上人とおっしゃいますが、私たちよりも先にお生まれになっただけのことではありませんか」と言い返しました。叡空上人はますます腹を立て、今度は履き物を手に取り法然上人を再度叩きました。


観仏念仏勝劣の事。称名を本願と立つるが故に、此の辺は称名に勝る行有るまじきなり。此の義を故上人立て給う時、師範は叡空慈眼房なり観仏は勝れ称名は劣なり。云々。故上人猶お念仏の勝義を立て給う。叡空腹立ちして枕を以て上人の背を打ちたもう。先師良忍上人も観仏は勝れたりとこそ仰せらる。云々。

上人の云わく、良忍上人も先にこそ生まれ給いたれ。云々。弥よ腹立ちして足駄を取りて又打ち給う。【叡空上人との問答　其三・昭法全七二七】

48

ある人が「お念仏を称える人は皆、往生が叶うのでしょうか」と尋ねました。

すると法然上人は「阿弥陀さまの*本願のお力にすがってお念仏する人は往生しますが、阿弥陀さまを頼りとせず、自分の力を頼りにお念仏する人は往生しません」とお答えになりました。

問うていわく。称名念仏申す人は、みな往生すべしや。
答えていわく。他力の念仏は往生すべし。自力の念仏はまったく往生すべからず。
【念仏往生要義抄・昭法全六八二】

49

我が身の善し悪しにとらわれず、「阿弥陀さまのお力にすがって必ず往生を遂げるのだ」との思いで、ただひたすらにお念仏を称えることを他力の念仏といいます。たとえて言えば（中略）大きな石であっても船に乗せれば、時間が経つうちに向こう岸へと到着するようなものです。これは石そのものの力で動いたのではなく、船の力によります。このように、私たちの往生も自分自身の力によるのではなく、阿弥陀さまのお力によるのです。これを他力というのです。

ただひとすじにわが身の善悪をかえり見ず、決定往生せんとおもいて申すを、他力の念仏という。たとえば（中略）おおきなる石をふねにいれつれば、時のほどにむかいのきしにとづくがごとし。まったくこれは石のちからにはあらず。ふねのちからなり。それがように、われらがちからにてはなし、阿弥陀ほとけの御ちからなり。これすなわち他力なり。

【念仏往生要義抄・昭法全六八二】

50

ある人が次のように尋ねました。「お念仏以外の善行は、それで往生が叶う行いではない。それゆえ、修めてはならない、と言われることがあります。これは本当ですか」と。

法然上人は次のようにお答えになりました。「たとえば、人が旅をする時、主人一人に対して多くの家臣が従っていくようなものです。往生が叶う行いには、お念仏が主人であってそれ以外の善行は家臣のようなものです。しかし、だからといってお念仏以外の善行を嫌うほどのことではありません」と。

問うていわく。念仏のほかの余善(よぜん)をば、往生の業にあらずとて、修(しゅ)すべからずという事あり。これはしかるべしや。

答えていわく。❶たとえば人の道をゆくに、主人一人につきて、おおくの眷属のゆくがごとし。往生の業の中に念仏は主人なり、余の善は眷属なり。しかりといいて余善をきらうまではあるべからず。

【十二箇條の問答・昭法全六七九】

❶珍海（一〇九二―一一五二）の『菩提心集』に「問う。此世の人は念仏ばかりにて経を読み布施を行ずべからずや。答う。念仏をむねとして異行をばこれによ（寄）せよとなり。帝の幸というに百官みな従うが如し。念仏を君として経をよみても念仏を進め助け、布施持戒をも念仏の道に入れよと也」との問答が見える（浄全一五・五〇四上）

第二節　称名念仏――ただひたすらに

51 （聖護院無品）親王さまから下された文書に「いかにすれば、この度、生き死にを繰り返すこの迷いの世界から離れ出ることができるであろうか。わが後生をお救いくだされ」とのお尋ねがありました。

法然上人は御返事に次のようにしたためました。「往生極楽を願われるには、お念仏に過ぎたことはございません。経文にはまさしく『阿弥陀如来の*光明はあらゆる世界を照らし、念仏を称える衆生を救い摂って見捨てることはない』とございます」と。

> 令旨にいわく、如何にしてか今度*生死をはなれ侍るべき。後生たすけ給えと。❶上人御返事にいわく、往生極楽の御願、御念仏にはしかず候。まさしく、❶光明は遍く*十方世界を照らして、念仏の衆生を摂取して捨てたまわず、と。
>
> 【聖護院宮無品親王に仰せられける御詞・昭法全七一四】
>
> ❶『観無量寿経』浄全一・四四／聖典一・一六六

52

お尋ねします。称名念仏以外の行を修めていては、往生浄土は叶わないのでしょうか。（中略）

お答えします。釈尊は『無量寿経』に、上輩・中輩・下輩（三輩）それぞれの人が往生するための行を説かれていますが、そこには共通して「ただひたすらに阿弥陀仏を念じよ」とあります。『観無量寿経』には、浄土往生のための種々の行をすべて説き終えてから、弟子の阿難尊者に「汝、この言葉をよくよく胸に刻み、後の世に伝えよ。すなわちそれは、阿弥陀仏の名前を忘れることなく、後の世に伝えるということである」と告げられました。善導大師は、『観経』のこの部分を解釈されて、「散り乱れる心を抑え、仏の世界に思いを凝らす定善の行、そして悪事を止め、善行を修める散善の行の利益が説かれてはいるが、阿弥陀仏の本願に照らし合わせてみると、釈尊の本意は、人々に対しただひたすら阿弥陀仏の名前を称えせしめることにあったのだ」とおっしゃっています。

また同じく『観経』に、「阿弥陀仏から放たれる光明は、あらゆる世界において念仏を称える人びとを照らし出し、救い抱いて決して漏らすことはない」と説かれており、この点について善導大師は「この教えは、その光明が念仏以外の雑多な行を修める者を照らし出し、救い抱くことを言っているのではない」とおっしゃっています。念仏以外の行を修める者を捨てるとか、往生できないということではないのであって、善導大師も「そうした行の功徳を振り向ければ往生するが、それらの行はみな、『往生のためには疎遠で粗雑な行』と名付けられる」とおっしゃっているのです。

問う。余行を修して往生せんことはかない候まじや。（中略）

答う。双巻経に三輩往生の業をときて、ともに❶一向専念無量寿仏とのたまえり。観無量寿経に、もろもろの往生の行をあつめてときたもうおわりに阿難に付属したもうところには、❷なんじこのことばをたもて、このことばをたもてというは、無量寿仏のみなをたもてとなりとときたもう。善導、観経を釈してのたもうに、❸定散両門の益をとくといえども、仏の本願をのぞむには、一向にもはら弥陀の名号を称せしむるにありという。同じき経の文に、❹一一の光明、十方世界の念仏の衆生をてらして、摂取してすてたまわずととけり。善導釈してのたまわく、❺余の雑業のものをてらし摂取すということをば論ぜずと候。余行のものふつとうまれずとはいうにはあらず、善導も❻廻向してうまるべしといえども、もろもろの疎雑の行となづくとこそは、おおせられたれ。

【要義問答・昭法全六一七】

53

（＊善導大師は）「称名念仏以外のもろもろの善行は、善と名付けはするものの、称名念仏に比べれば、まったく比較にならない」とおっしゃっています。ですから、西方極楽浄土へ往生を願うならば、ただひたすらにお念仏をお称えください。

❶自余の衆善は、善となづくといえども、念仏にくらぶれば、まったく比校にあらずとのたまえり。浄土をねがわせたまわば、一向に念仏こそはもうさせたまわめ。

【要義問答・昭法全六一七】

❶『無量寿経』巻下　浄全一・一九／聖典一・七一
❷『観無量寿経』浄全一・五一／聖典一・一九三
❸『観経疏』散善義巻四　浄全二・七一下／聖典二・一五三
❹『観無量寿経』浄全一・四四／聖典一・一六六
❺『観念法門』浄全四・二二八下
❻『観経疏』散善義巻四　浄全二・五八下／聖典二・一二六

お尋ねします。（中略）穢れたこの世にありがらこの身このままでさとりを開くという、有り難い功徳を具えた行を修め、遂げやすい往生浄土のためにその功徳を振り向ければ、今生にさとりを開くまでには至らなくとも、往生することなどたやすいものだと心得ております。また、私がお説法などで拝聴したところでは、『法華経』を読誦しても称名念仏を修めても、極楽浄土に往生するという功徳は等しいとされていました。この二つをいっしょに修めることに何か不都合があるでしょうか。

お答えします。（中略）今生にこの身このままでさとりを開くほどの行であれば、往生浄土を遂げるために不足があろうか、というあなたの疑問は、なるほどおっしゃるとおりと思えますが、それには宗旨ということが問題となります。（中略）天台宗では、「あらゆる存在や事象のありのままの相はすべて平等である」という真理を体得してさとりを開き、この身このままで五品や六根の位に

❶『観経疏』定善義巻三　浄全二・四九上／聖典二・一〇五

も至るということを、その宗旨としています。また真言宗では、今生にこの身のままで成仏することを宗旨としています。天台宗では『法華経』の功徳を多く挙げ、『法華経』を讃えるかたわらに、「すみやかに極楽浄土に往生できる」とも、また「すみやかに兜率天に往生できる」とも言っています。（しかし）これは便宜上のことであって、往生を宗旨としているわけではありません。真言宗にあっても同様です。『法華経』読誦の功徳も称名念仏の功徳も等しいのだから、並行して修めなさい」と言われはします。たしかに善導大師も、かつては『法華経』や『維摩経』を拝読されてはいましたが、浄土の一門に帰入されてのちは、ひたすらお念仏を称えて、決して他の行をまじえることはありませんでした。大師のみならず、浄土教の歴代の祖師方もみな、「ひたすらに阿弥陀仏の名号を称えて、他の行をまじえてはならない」とお勧めになっています。こうしたことを推し量って、称名念仏一行に邁進されるように、と申し上げるのです。

問う。（中略）穢土の中にして仏果にいたるという、かたき徳をだに具せらん教を修行して、やすき往生極楽に廻向せば、仏果にかのうまでこそかたくとも、往生はやすくや候べきとこそ、おぼえ候え。またおのずから聴聞などにうけたまわるにも、法華と念仏ひとつものと釈せられ候。ならべて修せんに、なにかくるしく候べき。

答う。（中略）*即身得道の行、往生極楽におよばざらんやと候は、まことにいわれたるように候えども、なかにも宗と申すことの候ぞかし。（中略）法華は*真如実相平等の妙理を観じて証をとり、現身に*五品六根の位にもかのう、これをもちて宗とす。また真言には、*即身成仏をもちて宗とす。法華にもおおくの功力をあげて、経をほむるついでに、*即往安楽ともいい、また*即往兜率天上ともいう。これは便宜の説なり、往生を宗とするにはあらず。真言もまたかくのごとし、法華念仏ひとつなりといいて、ならべて修せよといわば、善導和尚は、法華・維摩等を読誦しき、浄土の一門にいりにしよりこのかた、一向に念仏して、あえて余の行をまじうる事なかりき。しかのみならず浄土の祖師あいつぎて、みな一向に名号を称して、余業をまじえざれとすすむ。これらを按じて*専修の一行にいらせたまえとは申すなり。

【要義問答・昭法全六一七】

55 ＊善導大師は、「静めた心に仏の姿を思い描く観念の念仏はせずに、ただ、阿弥陀仏の名号を称えよ。衆生は煩悩に重くのしかかられ、そのような観念の念仏をまっとうすることなど出来ない。それゆえ釈尊は、『南無阿弥陀仏』と称える称名念仏だけを衆生に勧められたのである。なぜならば、衆生の心は弱々しく、方々へ飛び散るものだからである」とおっしゃっています。

善導のたまわく、❶相を観ぜずして、ただ名字を称せよ。衆生障り重くして、観、成ずる事かたし、このゆえに大聖あわれみて、称名をもはらにすすめたまえり。心はかすかにして、神い＊十方にとびちるがゆえなりという。

【要義問答・昭法全六三二】

❶『往生礼讃』浄全四・三五六上

56 （九州から来た修行僧が）法然上人に「お念仏を称える時、静めた心に仏さまのお姿などを想い留めよということについては、どのように受け止めるべきでしょうか」と尋ねたところ、上人がまだ何もおっしゃらないうちに、一人のお弟子が「まったく、その通りにすべきです」と言葉を差しはさみました。しかし上人は「私、源空はそうは思いません。善導大師は（第十八念仏往生の願について）『私（法蔵菩薩）が仏となったとき、あらゆる世界の衆生が、我が名を称えることわずか十遍であったとしても、もし往生しないことがあるならば、決して仏とはならない、と誓われた。その阿弥陀仏は、今、現に極楽に在して仏となられている。まさに知るがよい、仏となる前に誓われた慈悲深い願は確かに叶えられていることを。衆生が念仏すれば必ず往生が叶うのである』と解釈されており、私も、ただそのように思うばかりです」とおっしゃいました。

上人に問い奉りて曰く、念仏の時、仏の相好等に心をかけん事いかが候べき。上人いまだものの給わざる前に、一の御弟子云わく、もっともしかるべしと。

源空は然らず。❶若し我れ成仏せんに、十方の衆生、我が名号を称すること、下十声に至るまで、若し生せずんば正覚を取らじ、彼の仏今現に在まして成仏したまえり、まさに知るべし本誓の重願虚しからず、衆生称念すれば必ず往生を得と思うばかりなり。

【鎮西修行者との問答　其一・昭法全七一四】
（↓類似法語・②86参照）

❶『往生礼讃』浄全四・三七六上

56-2

ある人が法然上人に「お念仏を称える時は、静めた心に仏さまのお姿を想い浮かべなさいといいますが、どのようにすればよいのでしょうか」と質問しました。

これに対し、上人は次のように答えました。「そういうことではありません。*善導大師は（*第十八念仏往生の願について）『もし私（*法蔵菩薩）が仏となった時、あらゆる世界の衆生が、我が名を称えることわずか十遍であったとしても、もし往生しないことがあるならば、決して仏とはならない、と誓われた。その阿弥陀仏は、今、現に極楽にいらっしゃり、仏となられている。まさに知るがよい、仏となる前に誓われた慈悲深い願は確かに叶えられていることを。

衆生が念仏すれば必ず往生が叶うのである』と解釈されており、私も、ただそのように思うばかりです。私たちのような分際が、心を静めて仏さまのお姿を想い浮かべたところで、経典に描かれた通りに想い浮かべることなどでき得ません。阿弥陀さまの本願に心底おすがりし、口に南無阿弥陀仏と称える、ただこの一大事こそが往生にはかりそめでない行なのです」と。

ある人問うていわく、称名の時、心をほとけの相好にかけん事、いかようにか候べき。

答えての給わく、しからず、ただ、❶もし我れ成仏せんに、十方の衆生、我が名号を称して、下十声に至るまで、もし生ぜずんば、正覚を取らじ、彼の仏、今、現に世に在して成仏したまえり、当に知るべし、本誓の重願虚しからず、衆生称念すれば、必ず往生を得、とおもうばかりなり。われらが分際をもって、仏の相好を観ずとも、さらに如説の観にはあらじ。ただふかく本願をたのみて、口に名号をとなうる、この一大事のみ、仮令ならざる行なり。

【信空上人伝説の詩　其一・昭法全六七〇】

57

法然上人のご存世中、九州からやって来た修行僧が次のように尋ねました。

「静めた心に常に仏さまのお姿を思い留めつつ、お念仏の数を少なく称えるのと、心は散り乱れたままでも数多く称えるのとでは、どちらの*功徳が勝れておりましょうか」と。

するとその時、傍らにいた僧が「お念仏は、静めた心に常に仏さまのお姿を思い留めた上で称えてこそ、尊いのです」と答えました。しかし上人は「私、源空はまったくそうは思いません。阿弥陀さまの慈悲深い*本願は確かに叶えられていて、衆生がお念仏を称えれば必ず往生が遂げられると思いをいたす以外、何も心がけていることはありません」とおっしゃいました。

❶『往生礼讃』浄全四・三七六上

上人御存生の時、西国の修行者申しけるは、仏の*相好を常に心に懸けて、念仏の数返少なく申さんと、心は散乱して数返多く候わんと何れか勝れ候べきと。其の時お前に候僧の云わく、心に常に仏の相好を思いて申さんこそめでたかるべけれ。上人宣わく、源空は全くさは思わず。本願のむなしからず、称念せば必ず生まるべしと思うより外には、全く心にかかる事なしと。

【鎮西修行者との問答　其二・昭法全七一四】

58

勢観房源智上人が法然上人に次のように尋ねました。「もし、*智慧を具えることが往生の肝要となるのであれば、素直にその仰せを蒙り、仏法を学んで修めるべきではありましょう。しかし、称名念仏だけで不足がないというのならば、そのように心得なければなりません。（本当に仏法の智慧がなくてもいいのでしょうか）」と。

すると上人は次のようにお答えになりました。「往生のための正しき行業、それが称名念仏であることは、*善導大師のご解釈によって明らかです。また、（阿弥陀さまは）往生を叶えるにあたり、衆生の智慧のあるなしを選り好みされないことも明らかにされています。だからこそ、往生のためには称名念仏で事足りるのです。好んで仏法を学ぼうなどと思うよりも、ひたすらお念仏して往生を遂げるべきです。ひとたび阿弥陀さま・観音さま・勢至さまにお会いしたならば、いったいいかなるみ教えを究められないというのでしょうか。かの極楽浄土の貴い荘厳は、昼夜朝暮に奥深い教えを説いています。（ただし）念仏往生の道理がしっかりと理解できていないうちはそれを学ぶべきです。しかし、この教えが理解できたならば、さほど得られないであろう仏法の智慧を求めようとして、かえって称名念仏の暇を妨げることがあってはなりません」と。

> 勢観上人問うて云わく、智慧もし往生の要となるべくんば、正直に仰せを蒙りて修学を営むべし。また唯称名不足無ければ、その旨を存すべくなり。祖師答えて云わく、往生の業はこれ称名ということ、釈文分明なり。有智無智を嫌わずということ、またもって顕然なり。しかれば往生のためには称名足んぬとなす。学問を好まんよりは、唯一向に念仏して往生を遂ぐべし。弥陀・観音・勢至に遇い奉らん時、何れの法門に達せざらん。彼の国の荘厳、昼夜朝暮に甚深の法門を説くなり。念仏往生の旨を知らざらん程はこれを学すべし。もしこれを知り已りなば、幾ばくならざる智慧を求めて称名の暇を妨ぐべからず。
>
> 【勢観上人との問答・昭法全六九五】
>
> （↓類似法語・②88参照）

58-2

往生の業は、これ称名という事、釈文分明なり。有智無智をきらわずという事、また顕然なり。しかれば往生のためには称名足んぬとす。学問をこのまんとおもわんよりは、ただ一向念仏して往生をとぐべし。弥陀・観音・勢至にあいたてまつらん時、いずれの法文か達せざらん。かのくにの荘厳、昼夜朝暮に甚深の法門をとくなり。念仏往生のむねをしらざらん程は、これを学すべし。もしこれをしりなば、いくばくならざる智慧をもとめて、称名のいとまをさまたぐべからず。

【信空上人伝説の詞　其一・昭法全六六九】

59

わが師、法然上人は、朝に夕に次のようにご教示くださいました。

「お念仏を称えるにあたっては、こうしなければならない、といったことなどまったくありません。ただ称えれば極楽に往生するのだと信じきって、心の底から称えれば往生するのです。（形にこだわるのは）ものの道理を知らない上に、仏道を修める志もなく、論拠を持たない者がいたずらに言っているにすぎません。（形うんぬんを論じるくらいなら）そう言う口で阿弥陀さまの名号を一遍でも十遍でもお称えなさい」と。

また、上人が往生された後、三井寺の住心房という学僧が、夢の中で上人に（お念仏の称え方を）お尋ねした際にも「阿弥陀さまの名号を称えるには、これといって趣深くする必要はなく、とにもかくにも称えればよいのです」とお答えになったということです。

> 先師法然上人あさゆうおしえられし事なり。念仏申すにはまったく様もなし。ただ申せば極楽へうまるとしりて、心をいたして申せばまいる事なり。ものをしらぬうえに、*道心もなくいたずらに所えなき物のいう事なり。さいわん口にて、阿弥陀仏を一念十念にても申せかしと候いし事なり。又御往生ののち、三井寺の住心房と申す学生、ひじりにゆめのうちに問われても、阿弥陀仏はまったく風情もなくただ申す事なりと答えられたりと。
>
> 【信空上人伝説の詞　其二・昭法全六七二】

60

名誉欲や財欲は生き死にを繰り返すこの迷いの世界に縛り付ける絆となり、それらにとらわれては地獄・餓鬼・畜生の三悪道という鉄の網に掛かってしまいます。称名念仏は浄土に往生するための翼となり、それによって九品のいずれかの蓮の台に往生できるのです。

名利は生死のきずな、三途の鉄網にかかる。称名は往生のつばさ、九品の蓮台にのぼる。

【高階入道西忍に示されける御詞並に御歌　其二・昭法全七〇九】

61

南無阿弥陀仏……とお念仏を称える以外には、津の国の難波（なにわ）の浜に生い茂る葦（あし）を刈り取るように、何（なに）はともあれ、お念仏以外の行はすべて刈り取ってしまいましょう。（往生には「悪しくて」叶わないのですから）

あみだぶと　いうよりほかは　つのくにの

62

なにわの事も　あしかりぬべし

【高階入道西忍に示されける御詞並に御歌　其四・昭法全七一〇】

第三節　時と人に適い――時機相応の教え

そもそもお念仏による浄土往生は、*十悪や*五逆罪を犯した者さえ分け隔てることはなく、わずか十遍や一遍のお念仏を称えただけでも阿弥陀さまは来迎してくださいます。*聖道門の諸宗は自分の力で仏となることを目指し、それにふさわしい資質と*智慧を具えた者を前提とした教えです。ですから、声聞や*菩薩といった勝れた修行者を、その対象としています。しかし、この世はすでに*末法となり、人々は悪行を犯さざるを得なくなっています。そうであればこそ、修めがたい聖道門の教えを学ぼうとするより、修めやすいお念仏をすぐにでも称え、今生こそは生き死にを繰り返すこの迷いの世界から出ていくべきなのです。

それ念仏往生は、十悪五逆をえらばず、迎摂するに十声一声をもってす。聖道諸宗の成仏は、上根上智をもととするゆえに、声聞菩薩を機とす。しかるに世すでに末法になり、人みな*悪人なり。はやく修しがたき教を学せんよりは行じやすき弥陀の名号をとなえて、このたび*生死の家をいずべきなり。

【念仏往生要義抄・昭法全六八一】

63

阿弥陀さまの*第十八念仏往生願は、*末法の世に生きる私たちのためにお誓いになった願ですから、その利益は現在にも及んでおり、間違いなく往生は叶うのです。（中略）ですから、「私は確実に往生できる」と深く信じ、「南無阿弥陀仏、南無阿弥陀仏……」と称えれば、善人であれ*悪人であれ、男性であれ女性であれ、十人いれば十人が、百人いれば百人が、みな等しく往生を遂げるのです。

阿弥陀ほとけの*本願は、末代のわれらがためにおこし給える願なれば、利

64

益いまの時に決定往生すべきなり。（中略）往生うたがいなしとふかくおもいいれて、南無阿弥陀仏、南無阿弥陀仏と申せば、善人も悪人も、男子も女人も、❶十人は十人ながら、百人は百人ながら、みな往生をとぐるなり。

【念仏往生要義抄・昭法全六八二】

❶『往生礼讃』浄全四・三五六下

そもそも、浄土宗のみが他のもろもろの宗派よりも秀でており、称名念仏の一行が他のもろもろの修行に勝れているというのは、あらゆる人びとを漏れなく救い摂るという点についてのことです。心を静め*智慧をもって真理を求める修行や、無上のさとりを志すこと、*大乗経典を読誦すること、真言を唱えること、そして心の散乱を抑えてあらゆる存在や事象の真相を見極める行などは、いずれも仏教として不十分な教えというわけではありません。どれもみな、*生死を繰り返す迷いの世界から衆生を救う教えではありますが、*末法の時代になると修行者の能力がそれらの修行に適わなくなり、修行者は仏の教えに背くようになって、そうした修行についていけなくなるのです。

にくい、というのであれば、『無量寿経』を開けば「未来の世に、たとえ私(釈尊)の教えが滅び尽きてしまっても、私は慈悲と哀れみの心をもって、この経だけは残し留めて、さらに百年の間はその教えを伝えよう。そして、人びとがこの経に出会えたならば、その願いどおりに皆往生させ、成仏せしめよう」と説かれています。その未来の人々は仏法僧の＊三宝の名さえ聞くことはありません。また、もろもろの経典は龍宮の中に隠れてしまい、一巻の経典さえもこの地上に留まることはありません。ただ邪悪で信心のかけらもない人たちであふれ、皆、悪しき世界に堕ちてしまうのです。

しかし、阿弥陀さまはその本願のお力をもって、また、お釈迦さまは深く大きな慈悲の心をもって、この経に説かれるお念仏の教えだけは百年のあいだ伝え残されるのです。まして現在は＊末法のはじまりに過ぎないのですから、一万年続くという末法の後の人々にどうして劣ることがありましょうか。ですから、お念仏は「浄土に往きやすいつとめ」というのです。

双巻経の文には、❶＊横に五悪趣を截り、悪趣自然に閉じ、道に昇ること窮極なし、往き易くして人無し、ととけり。まことにゆきやすき事、これにすぎたるや候べき。*劫をつみてうまるといわば、いのちもみじかく、みもたえざらん人、いかがとおもうべきに、本願に❷乃至十念という、願成就の文に、❸乃至一念もかの仏を念じて、こころをいたして*廻向すれば、すなわちかのくににうまるる事をうという。造悪のものうまれずといわば、観経の文に、❹五逆の罪人うまるるとく、もしよもくだり、人のこころもおろかなる時は、信心うすくして、うまれがたしといわば、双巻経の文に、❺当来の世に、経道滅尽せんに、我れ慈悲哀愍をもって、特りこの経を留めて、止住すること百歳ならん。それ衆生有ってこの経に値わん者をば、意の所願に随って皆得度すべし。云々。その時の衆生は三宝の名をきく事なし。もろもろの聖教は龍宮にかくれて、一巻もとどまることなし。ただ悪邪無信のさかりなる衆生のみあり、みな*悪道におちぬべし。弥陀の本願をもちて、釈迦の大悲ふかきゆえに、この教をとどめたまいつる事百年なり。いわんやこのごろは、これ末法のはじめなり。万年ののちの衆生におとらんや。かるがゆえに易往という。

【要義問答・昭法全六二六】

❶『無量寿経』巻下　浄全一・二四／聖典一・八九
❷『無量寿経』巻上　浄全一・七／聖典一・二八

❸『無量寿経』巻下　浄全一・一九／聖典一・七〇
❹『観無量寿経』浄全一・五〇／聖典一・一九〇
❺『無量寿経』巻下　浄全一・三六／聖典一・一三五

66

＊聖道門で説く行が修め難いこと、それに対し＊浄土門で説く行は修め易いことを詳しく説かれた上で、法然上人は「要するに、＊末法の世に仏の教えどおりに行を修め、その成果を得るには、ただお念仏の一行しかありません。なぜならば阿弥陀さまの＊本願に適った行なのですから」とおっしゃいました。

聖道門の難行なる事、浄土門の修しやすきよう、こまごまと仰せられて、所詮末代の仏法修行、その証をうる事、只念仏の一行なり。是れ則ち弥陀の本願に順ずるが故なり。

【尼女房達に示す御詞・昭法全七三二】

67

（慈鎮和尚＝慈円は）日ごろからよく法然上人とお会いになりましたが、ある時、煩悩にもがき苦しむ愚かな＊凡夫がさとりの境地に至る教えについて談義が及びました。すると上人はさまざまな宗の要旨を挙げられ、また一つ一つ教えの特徴を論ぜられた上で、*聖道門と*浄土門の奥義を次のように述べられました。「(聖道門諸宗の教えは) みなお釈迦さまの時代の、しかも勝れた資質を具えた人々に対するものであり、お釈迦さまから遠く時代を隔て、しかも修行などとてもおぼつかないような人たちには近寄りにくいものです。それに対し浄土門の教えに説く称名念仏という本願行のみが、苦悩に溢れた海を渡る舟の船頭、愛欲という川に架かる橋となるのです。これこそ道理に暗く物わかりの鈍い私たちのような者に相応しい教えなのです」と。

> つねに上人に御対面ありて、底下の凡夫開悟得脱の要義を談ぜられけるに、上人諸宗の大綱をあげて、一々の義理をつくさるるに、みなこれ上代上機のためのおしえにして、末代下根のたぐいをよびがたし。浄土の宗旨称名の*本願のみぞ、苦海の船師、愛河の橋梁にて、愚鈍下智の当機にあいかなえるとて、聖道浄土の奥義をのべられける。
>
> 【慈鎮和尚との対話・昭法全七三二】

68

禅勝房が次のように尋ねました。「戒律をしっかりと守っている人の日課念仏の数が少ないのと、戒律を守れない人の日課念仏の数が多いのとでは、浄土往生後の境地の浅深はいかがでしょうか」と。

すると上人はお座りになっていた畳を指さし、次のようにお答えになりました。「この畳があればこそ、『畳が破れている、破れていない』と論ずることができるのです。まったく畳がなければ、どうやって『破れている、破れていない』と論じられましょうか。そのように伝教大師（最澄）の『末法灯明記』には『*末法の時代においては、戒律を守るということも破るということも、共にあり得ない。ただ名目ばかりの僧がいる』と詳細に示されています。そうである以上、『戒律を守る、守れない』といった議論などすべきではありません。（そんな議論を交わすより）私たちのような*凡夫の往生を叶えるためにお誓いになった阿弥陀さまの*本願なのですから、早速、*名号を称えるべきです」と。

問うて云わく。持戒の者の念仏の数遍の少なきと、破戒の者の念仏の数遍の少なきと、往破戒の者の念仏の数遍の多きと、往生の後の浅深いかん。

68-2

上人、居たまえる所の畳を指して答えて云わく。畳の有るに就きてこそ破ると破らざるとは論ずる。❶全く畳の無きにおいては、いかんが破ると破らざるとを論ずるや。其の様に末法の中には、持戒も無く、破戒も無し、但名字の比丘のみ有りと、伝教大師の末法灯明記に委しく此の旨を明かす。其の上は持戒破戒の沙汰すべからず、此くの如き凡夫の為に発す所の本願なれば、急ぎ急ぎ名字を称うべきなり。

【禅勝房に示されける御詞　其四・昭法全六九七】

❶『末法灯明記』伝教大師全集一・四一八

問う、持戒の行者の念仏の数返のすくなく候わんと、破戒の行人の念仏の数返のおおく候わんと、往生ののちの浅深いずれかすすみ候べき。

答う、いておわしますたたみをおさえてのたまわく、このたたみのあるにとりてこそ、やぶれたるかやぶれざるかということはあれ。つやつやとなからんたたみをば、なにとかは論ずべき。*末法の中には持戒もなく、破戒もなし、無戒もなし、ただ名字の比丘ばかりありと。伝教大師の❶末法灯明記にかきたまえるうえは、なにと持戒破戒のさたはすべきぞ。かかるひら凡夫のためにおこしたまえる本願なればとて、いそぎいそぎ名号を称すべし。

【十二問答・昭法全六三四】

❶『末法灯明記』伝教大師全集一・四一八

69

*明遍僧都が部屋の中に入ってきて、まだ居ずまいも正さぬうちに「今生に、どのようにすれば生き死にを繰り返す迷いの世界から離れ出ることができるでしょうか」と尋ねると、法然上人は「南無阿弥陀仏と称えて往生を遂げるに勝るものはないと存じております」とお答えになりました。

すると僧都は「誰もがそのように知ってはいますが、お念仏を称えている時、心が散り乱れて妄念が湧き起こってくるのは、どうすればよろしいのでしょう」と、再度、尋ねました。

それに対し上人が「欲望の渦巻く迷いの世界に生を享けた者が、どうして心の散り乱れないことなどありましょう。煩悩にまみれた*凡夫が、どのようにしてその妄念を止めることができましょうか。それはこの源空にも力及びません。心は散り乱れ、妄念が次々と湧き起こりはしても、お名号を称えれば阿弥陀さまの*本願の力に乗じて往生は必ず叶うのです」とお答えになると、「それを承るために参ったのです」と言って、僧都は直ちに上人のもとをあとにしました。

僧都さしいりて、いまだ居なおらぬほどに、このたびいかがして*生死をはなれ候べきと申されければ、南無阿弥陀仏と唱えて往生をとぐるにはしかずとこそ存じ候えと申されければ、僧都申さるるよう、たれもさは見およびて侍り、ただし念仏のとき心の散乱し、妄念のおこり候をば、いかがし候べきと。

上人のたまわく、*欲界の散地に生をうくるもの、心あに散乱せざらんや。煩悩具足の凡夫、いかでか妄念をとどむべき、その條は源空もちからおよび候わず。心はちりみだれ、妄念はきおいおこるといえども、口に名号をとなえば弥陀の願力に乗じて決定往生すべしと申されければ、これうけ給わり候わんためにまいりて候いつるなりとて、僧都やがて退出し給う。

【明遍僧都との問答　其二・昭法全六九三】

70

ある時、＊明遍僧都が善光寺参詣の途上、小松谷の正林寺に法然上人を訪ね、次のように質問しました。「悪がはびこるこの＊末法の世にあって、心も濁りきった罪深い私たちは、どのようにすれば生き死にを繰り返す迷いの世界を離れ出ることが出来ますか」と。

そこで上人は次のようにお答えになりました。「阿弥陀さまの名号を称えて浄土に往生する、この念仏往生をこそ、迷いの世界を離れ出る肝要とするのです」と。

(すると僧都は)「至らぬ考えを巡らしますに、その念仏往生の信心を揺るぎなくするために、重ねておうかがいいたします。お念仏を称える時、心が散り乱れますが、どうすればよろしいでしょう」と尋ねました。

上人は再び「人は、そもそも欲望が渦巻き、心が掻き乱される迷いの世界に生まれた存在です。ですから、どうして心が散り乱れないことなどありましょう。そのようなことは、この源空にもまた力及ばぬことです。しかしながら、心が散り乱れたままであっても、口に名号を称えたならば、阿弥陀さまの＊本願のお力に乗じるのですから、往生に疑いはありません。とにもかくにも、ひたすらお念仏の*功徳を積めばよいのです」とお答えになりました。

それを聞いた僧都は悦び勇んで上人のもとをあとにしました。その後に上人は「なんともおかたい方だったなあ。（心が散り乱れないように、と願ったところで）生まれついての目鼻を取り去ることなどできないようなものなのに……」とおっしゃいました。


ある時明遍僧都、善光寺参詣のついでに、*小松殿の坊に参じて上人に問うて云わく、末代悪世の罪濁の我等、いかにして*生死をはなれ侍るべきや。上人答えて云わく、弥陀の名号を称して浄土に往生をする。これをもって其の肝心とするなりと。

明遍が愚案、此くの如き信心を決定せんがために、かさねて此の問いをいたすなり。そもそも念仏の時、心の散乱するをば如何がし侍るべきや。

上人の給わく、欲界の散地に生をうけたるものの心、あに散乱せざらんや。其の條は源空も力およばず。唯心は散乱すれども、口に名号を称すれば、仏の願力に乗じて、往生疑いなし。所詮、唯、念仏の功をつむべきなり。明遍悦びて則ち退出す。後に上人の給わく、あなことごとしの御房や、生得(しょうとく)の目鼻を取り捨つるやあると。

【明遍僧都との問答　其三・昭法全六九四】

71

*明遍僧都(みょうへんそうず)が法然上人に尋ねました。「悪に満ちたこの*末法(まっぽう)の世に生きる、私たちのような罪深い*凡夫(ぼんぶ)は、どうすれば生き死にを繰り返す迷いの世界から離れ出ることができますか」。

すると上人は次のようにお答えになりました。「南無阿弥陀仏と称(とな)えて極楽往生を願うことこそ、私たちが為すべきことと心得ております」と。

これに対して明遍僧都は「それは広く言われている型どおりのことであり、私もそうすべきかと存じてはおります。その上で、その教えに確信が持てるようになるためにお尋ねしたのです。さらにおうかがいしたいのですが、お念仏を称えてはいても心が散り乱れてしまうのは、いかがすればよろしいでしょうか」と、ふたたび尋ねました。

そこで上人が「それは、この源空(げんくう)も力及ばないことです」とお答えになると、さらに明遍僧都は「ですから、そこをなんとすればよいのでしょうか」と尋ねました。

上人は「心が散り乱れようとも、お名号を称えれば阿弥陀さまの本願*の力に乗じて、必ず往生は叶うものと心得ております。要は、大いにお念仏を称えるのが一番大切なことなのです」と。

これに対して明遍僧都は「そうでしょう、そうでしょう、それをうかがいたくて参ったのです」と答えました。

> 明遍問いたてまつりての給わく、末代悪世のわれら、かようなる罪濁の凡夫、いかにしてか*生死をはなれ候べき。
> 上人答えての給わく、南無阿弥陀仏と申して、極楽を期するばかりこそ、しえつべき事と存じて候え。
> 僧都のいわく、それはかたのように、さ候べきかと存じて候。それにとりて、決定をせん料に申しつるに候。それに念仏は申し候えども、心の散るをばいかがし候べき。
> 上人答えていわく、それは源空もちからおよび候わず。僧都のいわく、さてそれをばいかがし候べき。

上人のいわく、散れども名を称すれば、仏願力に乗じて、往生すべしとこそ心えて候え。ただ詮ずるところ、おおらかに念仏を申し候が第一の事にて候なり。

僧都のいわく、こう候、こう候。これうけ給わりにまいりつる候。

【明遍僧都との問答　其一・昭法全六九二】

72

欲望の渦巻く迷いの世界に生まれた者は、誰もが散り乱れる心を持っています。たとえて言えば、人間界に生を享けた者には生まれつき目鼻がついているようなものです。ですから、その散り乱れた心を捨ててこそ往生は叶うのだと主張する人がいますが、そうした道理などまったくの見当違いです。散り乱れた心のままにお念仏を称（とな）える者が往生するからこそ、すばらしい*本願なのです。

*欲界散地（よくかいさんち）にうまれたる物は、みな散心（さんじん）あり。たとえば人界（にんがい）の生（しょう）をうけたる物の、目鼻のあるがごとし。散心をすてて往生せんといわん事、そのことわりしかるべからず。散心ながら念仏申す物が往生すればこそ、めでたき

本願にてはあれ。

【明遍僧都との問答　其一・昭法全六九三】

73

（静厳法印が次のように尋ねました。）「妄念が次から次へと湧き起こるのは、どうしたらよいでしょうか」と。すると法然上人は「それは煩悩の仕業ですから、*凡夫には力及ばないことです。とはいえ、ひたすら阿弥陀さまの*本願をたよりにお名号を称えれば、その本願の力に乗じて往生が遂げられるのです」とお答えになりました。

妄念のきおいおこり侍るをば、いかがし候べきと。上人のたまわく、是れ煩悩の所為なれば、凡夫ちから及ぶべからず。只本願をたのみて名号を唱うれば、仏の願力に乗じて往生を得としれり。

【竹林房静厳法印との対話・昭法全七三二】

74

*聖光房が法然上人に「私は往生について何一つ疑うところはありません」と

申し上げたところ、上人は次のようにおっしゃいました。

「あなた方に少々の罪業や過ちがあったとしても、どうして往生を遂げられないことなどありましょう。ただし他の人にはよく意を払って説き聞かせねばなりません。往生を願う心があつく燃え盛らず、凡夫往生の教えに感涙するほどの人でなくても、お念仏さえ称えれば往生は叶います。見思惑・塵沙惑・無明惑のいわゆる三惑に分けられる一切の迷いや煩悩は、（仏道を修行するにおいて）さまざまな妨げとなります。しかし、お念仏の一行だけはこうした煩悩にも妨げられず、浄土往生を遂げさせ、十地という菩薩の最高の境涯をも究めさせてくれるのです。浄土宗以外の宗旨では、実教でも権教でも、顕教でも密教でも、十地という菩薩最高の境涯を究めることは、それが永い修行を要する道であれ、即座に達成できる道であれ、極めて重要な問題です。ところが浄土門では、ただ念仏の一行によってのみ、浄土往生を遂げ、しかも速やかに自ずと菩薩最高の境涯を完成させることができるのですから、実に、計り知れないほど有り難い教えなのです」。

聖光房、我れは一切に往生を疑わずと申されければ、上人又の給わく。貴房達は少々の罪過ありとも、争か往生を遂げざらんや。但し外の人には、意得ていいきかすべきなり。強盛心をおこさず、落涙するに及ばずとも、念仏だにも申さば往生すべきなり。見思・塵沙・無明の煩悩が、よろずの障礙をばなすなり。念仏の一行はこの煩悩にもさえられず、往生をとげ、十地究竟するなり。他宗には、実教にも権教にも、密教にも顕教にも、十地究竟する事は、漸頓を論ぜず。極めたる大事なり。しかるにただ念仏の一行に依りて、往生をとげ、十地願行自然に成就する事は、誠に甚深殊勝の事なりとぞ仰せられける。

【聖光法力安楽三上人との問答・昭法全七二九】

75

(配流先へ向かう途中、播磨国室の津で遊女から教えを請われて)「まったくもって、あなたのように遊女を生業としてこの世を渡っていかれては、罪業を犯さずにすむというわけにはまいりませんし、とすればその報いは想像もできません。もし、他に世を渡るあてがあれば、すぐにでも今の生業をお捨てなさい。もし、他にあてもなく、身命を抛ってまで仏道に生きようとの強い志も発らないのであれば、その身のままでお念仏を称えなさい。阿弥陀さまはそうした罪深い者のためにこそ、あらゆる衆生を救済しようとの本願を建てられたのですから、深くその本願をたよりとして決して自らを卑下してはなりません」。このように法然上人が、本願をたよりとしてお念仏を称えれば往生は疑いないということを懇切にお教えになると、遊女は喜びのあまり感涙にむせびました。

> げにもさようにて世をわたり給うらん罪障、まことにかろからざれば、酬報またはかりがたし。もしかからずして、世をわたり給わぬべきはかりごとあらば、すみやかにそのわざをすて給うべし。もし余のはかりごともなく、又、身命をかえりみざるほどの道心いまだおこりたまわずば、ただそのままにて、もはら念仏すべし。弥陀如来はさようなる罪人のためにこそ、弘誓をもたてたまえる事にて侍れ、ただふかく本願をたのみて、あえて卑下する事なかれ。本願をたのみて念仏せば、往生うたがいあるまじきよし、ねんごろにおしえ給いければ、遊女随喜の涙をながしけり。
>
> 【室の津の遊女に示されける御詞・昭法全七一八】

76

受け難い人の身をこの世に享けながら、むなしく*三悪道の迷いの世界にお帰りになることは、悲しんでもなお余りあること、嘆いてもまた嘆き尽くすことなどできません。けれども、穢れたこの世を厭って浄土を欣い、悪しき心を捨てて善き心を発されることは、過去・現在・未来の諸仏も必ずや共に喜んでくださるでしょう。

それにつけても、迷いの世界を離れ出る道はさまざまですが、*末法となり濁りきったこの世に生きる人々には、称名念仏こそがもっとも勝れた教えであると受け止めるべきでしょう。罪の障りが深く重い者であっても、あるいはまた、ものの道理に暗い愚か者であっても、称えれば間違いなく往生が叶うのは、阿弥陀さまのご*本願のお力によるからです。ですから、たとえ罪が深いからといって自身を卑下なさってはいけません。*十悪や*五逆といった罪を犯した者でも、心を改めてお念仏すれば往生し、わずか一遍や十遍でも心を込めてお念仏すれば阿弥陀さまは来迎してくださるのです。経典には「たとえ*四重の罪や五逆の罪を犯した衆生であっても、ひとたび名号を聞けば必ず阿弥陀仏が来迎し、浄土へ導かれる」と説かれており、その注釈書には「速やかに浄土往生の教えを説く*善知識に遇い、急いで阿弥陀仏の名号を専ら称えることを勧める」と判じられています。

たとえ、無間*地獄に堕ちるほどの罪であっても、お念仏の*功徳に勝るものはありません。「*輪廻の絆を断ち切る鋭い剣が、まさに阿弥陀仏の名号である」と説かれているように、お念仏を称えていれば人の心を惑わし妨害しようとする悪魔が近づくことなどありません。「わずか一遍でも念仏を称えれば、罪の報いがすべて除かれる」と説かれているように、お念仏を称えれば、罪の報いは残らないのです。罪の障りを消滅して極楽往生を遂げるにあたっては、阿弥陀さまの他力にすがり本願に導かれる以上のことはありません。あなたの身に受けた今生の華やかさは古今未曾有のものでしたが、有為転変の娑婆の悲しさ、死んで無間地獄に堕ちる前に、このような憂き目にお会いになりました。この上は、穢土は厭わしい処と嘆きお捨てになり、阿弥陀さまの本願に心の底からおすがりになれば、浄土への往生は疑いありません。

このことはまったく私、源空が勝手に申し上げている言葉ではありません。阿弥陀さまが*法蔵菩薩であられた時に発された慈悲深い本願であり、あるいは、お釈迦さまがさとりを開かれた時に説き示されたみ教えなのです。ほんの少しも疑いを抱いてはなりません。ただひたすら称名念仏にいそしみなさいませ。

受け難き人身をうけながら、むなしく＊三途に帰り給わんことは、かなしみても猶余りあり。歎きても又つくべからず。然るに穢土を厭い、浄土を欣い、悪心をすて、善心を発し給わん事は、三世の諸仏も定めて随喜し給うべし。其れにとりて出離の道まちまちなりといえども、末法濁世の機には、称名をもて勝れたりとす。罪業深重の輩も愚痴闇鈍の族も、唱うればむなしからざるは、弥陀の本願なり。罪ふかければとて卑下し給うべからず。十悪五逆も廻心すれば往生し、一念十念も心をいたせば来迎す。経には❶四重五逆の諸の衆生、一たび名号を聞かば必ず引接すと説き、釈には❷忽ちに往生の善知識に遇い、急ぎて彼の仏名を専称するを勧むと判ぜり。たとい無間の重罪なりというとも、称名の功徳にはかつべからず。❸利剣は則ち是れ名号、たもてば魔縁ちかづかず。❹一声称念すれば罪皆除く。唱えば罪業のこりなし。罪障を消滅して極楽往生をとげんこと、他力本願にしくはなし。御栄果むかしも今もためしなき御身なり。然れ共有為のさかいのかなしきは、いまだ生をかえざるに、かかるうき目を御らんずるうえは、穢土はうたてき所ぞとうれえ思し召し捨て、ふかく弥陀の本願をたのみましまさば、御往生疑い有るべからず。これ全く源空の私の詞にあらず。弥陀因位の悲願、或いは釈尊成道の時、説きおき給える経教なり。一念も疑心なく、一心に称名をたしなみ給うべし。

【平重衡の問に念仏往生を示す御詞・昭法全七三九】

❶『観無量寿経』浄全一・四九以下、聖典一・一八六以下（趣意）
❷『往生礼讃』浄全四・三七三下
❸『般舟讃』浄全四・五三一上
❹『般舟讃』浄全四・五三一上

77

犯した罪が重かろうと軽かろうと、ただただお念仏さえ称えれば往生は叶うのであって、それ以外の方法などありません。

罪の軽重をいわず、ただ念仏だにも申せば往生するなり、別の様なし。

【熊谷次郎直実に示す御詞　其一・昭法全七一七】

第五章　信——心のあり方

第一節　信を発す

78

念仏往生とは、阿弥陀さまが「南無阿弥陀仏と名号を称える者が、私が建立した極楽浄土に往生しないことがあれば、私は仏とならない」と本願*に誓われ、現に仏となられたのだから、阿弥陀さまの名号を称える者は必ず往生が叶う、ということです。このお誓いをしっかりと信じ、たとえ一遍のお念仏であっても往生が叶うことに疑いを挟まない者は、十人いれば十人皆が往生し、百人いれば百人皆が往生します。たとえお念仏を称えたとしても、そのお誓いに疑いを懐く者は往生しないのです。

念仏往生と申す事は、❶弥陀の本願に、わが名号をとなえんもの、わがくににうまれずといわば、正覚をとらじとちかいて、すでに正覚をなり給えるがゆえに、この名号をとなうるものは、かならず往生する事をう。このちかいをふかく信じて、乃至一念もうたがわざるものは、❷十人は十人ながら生まれ、百人は百人ながらうまる。念仏を修すといえども、うたごう心あるものはうまれざるなり。

【念仏往生義・昭法全六八八】

❶『無量寿経』巻上　浄全一・七／聖典一・二八
❷『往生礼讃』浄全四・三五六下

79

（随蓮房の見た夢の中で）法然上人が、「例えば、道理に反することを唱える者がいて、あの池の蓮の花を指さし、『あれは蓮の花ではない。梅である、桜である』と言ったならば、あなたはその通りに、あれは蓮の花ではない。本当に梅である、桜である、と思いますか」とおっしゃいました。

それに対して随蓮房が「実際、蓮の花であるものを、たとえ人がどのように言ったところで、どうしてそんなことを信ずることがありましょうか」と答えました。

すると法然上人は、次のようにおっしゃいました。「お念仏の教えもそのようなものです。私、源空が、あなたに『お念仏を称えれば往生は疑いない』と言ったことを信じたのは、まさに、蓮の花をそのまま蓮の花と認知するのと同じです。（このように、念仏往生を）深く信じて、他の人があれこれと言うことに関知せず、ひたすらお念仏を称えるべきです。『あれは梅の花だ、桜の花だ』などと言い立てる悪しき教えや邪な見解を信じてはなりません」と。

上人仰せられて云わく、たとえばひが事いうものありて、あの池の蓮花を、あれは蓮花にあらず、梅ぞ桜ぞといわんには、汝はその定に蓮花にはあらざりける、誠に梅なり桜なりと思わんずるか。随蓮申していう、現に蓮花にて候わん物をばいかに人申すともいかでか信じ候べきと申すに、上人曰く、念仏の義又此くの如し。源空、汝に念仏して往生する事は、疑いなしといいしことを信じたるは、蓮花を蓮花と思わんがごとし。ふかく信じてとかくの沙汰に及ばず、只念仏を申すべきなり。悪義邪見の梅桜を信ずべからずと。

【沙弥随蓮に示されける御詞　其二・昭法全七一二】

80

安楽房（遵西）が法然上人に尋ねました。「私どものような至らぬ身では、＊十重禁戒をきちんと守ることもできません。常に妄念がわき起こり、また懸命に精進することもなく、自身の善悪を省みることもせず、ただ阿弥陀さまの本*願をたよりに必ず往生しようと願っているだけです。それでも往生は叶いますか」と。

それに対して法然上人がお答えになりました。「もちろんのことです。所詮は、必ず往生しようとの思いが起これば、その人は必ず往生する人なのです。煩悩や罪悪が往生の障りになるかどうかということなどは、凡夫の心にわかるものではありません。しかしながら、阿弥陀さまの本願どおりにお念仏を称える限りは、それを遮ってまで往生を妨げる罪などあろうはずがありません。往生はお念仏の*功徳を信ずるか否かに関わるのです。決して、罪悪の有る無しに関わるものではありません。阿弥陀さまは、そもそも凡夫の往生を許されているのですから、どうして妄念の有る無しなどを問うことがありましょう」。

安楽房、上人に尋ね申して云わく。我等ごときの輩、かたく十重をもたもたず。常に妄念をおこし、又勇猛精進ならずして、我が身の善悪をもかえりみず、ただ弥陀の本願を仰ぎて、決定往生の思いをなし侍るは、往生し侍るべしやと。

上人の給わく。其の條勿論なり、所詮決定心を生ぜば、往生すべき人なり。煩悩罪悪等の、往生を障る障らずをば、凡夫の心にては、覚知すべからずといえども、本願に相応する程の念仏申したらんには、それを障碍して、往生をさまたぐる罪はあるべからず。往生は念仏の信否によるべし。更に罪悪の有無にはよるべからざるなり。すでに凡夫の往生をゆるす、なんぞ妄念の有無をきらうべきや。

【聖光法力安楽三上人との問答・昭法全七二九】

81

お念仏を称えることさえ精いっぱいに励めないようでは、いったいどのような修行なら精いっぱい励めるというのでしょう。どのような修行にも身が入らないからといって、そのまま虚しく一生が過ぎてしまったならば、臨終にはどうなってしまうのでしょう。たとえ、精いっぱい励んでいるようには見えなくても、これと決めた行を修めようという気持ちさえあれば志が発った証です。その気になれば自ずから発心するということもありますし、*功徳を積み重ねていれば、時々は精いっぱい励もうという心もわき発ってくるものです。はじめから「そうした心がないから……」と投げ出し、虚しく時が過ぎてしまったら、その一生はただ何となく終わってしまい、後悔は決して先にはたちません。特に、*善導大師(ぜんどうだいし)は「(阿弥陀仏の念仏往生の本願*は)心の散り乱れがちな者だからといって分け隔てることはない」と解釈されました。ですから、精いっぱいお念仏に励もうという心がないからといって往生を疑ってはなりません。

念仏だにも猛利(みょうり)ならずば、いずれの行にか猛利ならん。いずれも猛利ならざればとて、一生むなしくすぎば、そのおわりいかん。たとい猛利ならざるににたれども、これを修(しゅ)せんとおもう心あるは、心ざしのしるしなるべし。このめばおのずから発心すという事あり。功(こう)をつみ徳をかさぬれば、時々猛利の心もいでくるなり。はじめよりその心なければとてむなしくすぎば、生涯いたずらにくれなん事、後悔さきにたつべからず。なかんずくに善導の御義(おんぎ)には、❶散動(さんどう)の機をえらばざるなり。しかれば猛利の心なければとて、往生をうたごうべからず。

【念仏往生義・昭法全六八八九】

❶『観経疏』序分義巻第二　浄全二・二九下／聖典二・六四

82

「浄土往生を願いはしてもその思いは高まらず、また、お念仏を称えはしていてもその心がおろそかになる」。そう嘆くようなら、往生の志がないわけではありません。志のない人は、おろそかになってもそれを嘆かず、思いが高まらなくてもそれを悲しむことがないものです。道を急ぐ時は足の遅さを嘆き、急がない時はそれを嘆くことがないようなものです。また、望んでいれば自ずと往生の志が湧き起こるということもありますから、その思いは徐々に高まり、必ずや往生が叶うに違いありません。

日頃から、*十悪や*五逆という重い罪を造ってしまう者でも、臨終に初めて*善知識に会って往生を遂げることもあります。まして、往生を願いお念仏を称えながらも、往生に対する思いが高まらないと自ら嘆く人をこそ、仏さまは哀れんでくださり、*菩薩さまも往生が叶うようにと、さまざまな障害から守ってくださるのです。そして善知識に会うこともでき、必ず往生が叶うのです。

浄土をねがえどもはげしからず、念仏すれども心のゆるなる事をなげくは、

83

往生の心ざしのなきにはあらず。心ざしのなき物はゆるなるをもなげかず、はげしからぬをもかなしまず、いそぐみちはあしのおそきをなげく、いそがざるみちにはこれをなげかざるがごとし。又このめばおのずから発心すと申す事もあれば、漸漸に増進してかならず往生すべし。日ごろ十悪五逆をつくれる物も、臨終にはじめて善知識にあいて往生する事あり。いわんや往生をねがい、念仏を申して、わが心のはげしからぬ事をなげかん人をば、仏もあわれみ、菩薩もまぼりて、障りをのぞき、知識にあいて、往生をうべきなり。

【十二箇條の問答・昭法全六七七】

ひとえに阿弥陀さまのお言葉を信じて疑わなければ、阿弥陀さまのお力によって往生は叶うのです。以前にも述べた譬えのように、舟に乗ったならば、眼の不自由な人もそうでない人もともどもに目的地に行きつくようなものです。また、たとえ*智慧の眼を具えていたとしても、阿弥陀さまの名号を称えなければその誓願の力にあずかることはなく、反対に深い闇のごとく愚かな者であっても、お念仏を称えればその誓願の力に乗せていただけます。

阿弥陀さまは光明を放ち、お念仏する者を常に照らしてお捨てにならないのですから、その人は悪い縁に遇うこともなく、臨終の時には心乱れることなく必ず往生するのです。さらには、わが身に智慧が具わっているか否かによって往生が叶うか否かを判じることなど、決してしてはなりません。とにかく、信心を深くすべきです。

ただ仏の御詞を信じてうたがいなければ、仏の御ちからにて往生するなり。さきのたとえのごとく、ふねにのりぬれば、目しいたる物も目あきたる物も、ともにゆくがごとし。智慧のまなこある物も、仏を念ぜざれば願力にかなわず、愚痴のやみふかきものも、念仏すれば願力に乗ずるなり。念仏する物をば、弥陀光明をはなちてつねにてらしてすて給わねば、悪縁にあわずして、かならず臨終に正念をえて往生するなり。さらにわが身の智慧のありなしによりて、往生の定不定をばさだむべからず。ただ信心のふかかるべきなり。

【十二箇條の問答・昭法全六七四】

84 （配流先に向かう途中、讃岐国塩飽島で歓待を受けて）阿弥陀さまの極楽浄土も、このような光景なのでしょうか。ああ、なんとすばらしいのでしょう。すぐにでも参りたいものです。南無阿弥陀仏。

ごくらくも　かくやあるらん　あらたのし
とくまいらばや　南無阿弥陀仏

【高階入道西忍に示されける御詞並に御歌　其四・昭法全七一〇】

第二節　信のすがた

一、信をそなえる

85 お尋ねします。お念仏を称えるときの心づかいは、どのようにすべきでしょうか。

お答えします。*三心をお具えなさい。三心とは、一つには至誠心、二つには深心、三つには廻向発願心です。

問う。こころをば、いかようにかつかい候べき。
答う。三心を具足せさせたまえ。其の三心と申すは、一つには至誠心、二つには深心、三つには廻向発願心なり。
【要義問答・昭法全六二〇】

86

*三心とは、一つに至誠心、二つに深心、三つに廻向発願心です。

三心とは、一つには至誠心、二つには深心、三つには廻向発願心なり。
【念仏往生義・昭法全六九〇】

87

（釈尊は『観無量寿経』で）「*三心を具える者は必ず極楽浄土に往生する」と説かれています。この三心についての一文は『無量寿経』に示された*第十八念仏往生願の「うそいつわりなく心の底からわが極楽浄土に往生したいと願い……」という一節と対応しています。ですから（この願にしたがって）念仏往生を志す人は、この三心を具えて念仏を称えるべきなのです。

そのうちの一つ、至誠心とは、ひたすら阿弥陀仏におすがりする心であり、二つに信楽とは、常にお念仏を称えて往生を疑わない心であり、三つに廻向発願心とは、往生を遂げてこの世の衆生を救い導こうと思う心です。

> ❶三心を具する者は、必ず彼の国に生ずと説き給えり。此の三心は本願の❷至心に信楽して我が国に生ぜんと欲しての文を成就する文なり。然れば則ち念仏せん人は、此の三心を具して念仏すべきなり。一つに至誠心と云うは阿弥陀仏を憑み奉るなり。二つに信楽と云うは常に名号を唱えて往生をうたがわぬなり。三つに回向発願心と云うは、往生して衆生を利益せんと思う心なり。
>
> 【十二問答・昭法全六四二】

❶『観無量寿経』浄全一・四六／聖典一・一七六
❷『無量寿経』巻上　浄全一・七／聖典一・二八

88

人の心は外面に現れることがないので、その善悪の判断はし難いものとはいえ、『観無量寿経』には「*三心を具えて往生する」とあります。（もし往生しない人がいるとすれば、それは）その三心を具えないから、お念仏を称えても往生が叶わないということになります。三心とは、一つには*至誠心、二つには深心、三つには廻向発願心です。（中略）自分自身で修めた行の*功徳や自分自身の心の尊さによって往生するのだとは思わずに、阿弥陀さまの本願の力が尊いからこそ、往生などできようはずのない者すら往生が叶うのだと信じなさい。そして、寿命が尽きたならば阿弥陀さまは必ず迎えにきてくださるのだと、あたかも金剛石がどんな物にも破壊されないのと同じように堅固に深く信じ、その心を臨終まで貫けば、十人いれば十人すべての人が往生し、百人いれば百人すべての人が往生するのです。

ですから、そうした心のない人は、お念仏を称えたところで臨終の後ただちに往生することが叶わず、往生浄土の縁が遠くなってしまうのです。三心が具わったかどうかは、自分自身で判断すべきです。他人には知るすべもありません。

人の心はほかにあらわるる事なければ、その邪正(じゃしょう)さだめがたしといえども、経には❶三心を具(ぐ)して往生すと見えて候めり。この心を具せざるがゆえに、念仏すれども往生をえざるなり。三心と申すは、一つには至誠心、二つには深心、三つには廻向発願心なり。（中略）わが行のちから、わが心のいみじくて往生すべしとはおもわず、ほとけの願力のいみじくおわしますによりて、うまるべくもなき物もうまるべしと信じて、いのちおわらば仏かならずきたりてむかえ給えと思う心を、金剛の一切の物にやぶられざるがごとく、この心をふかく信じて、臨終までも、とおりぬれば、❷十人は十人ながらうまれ、百人は百人ながらうまるるなり。さればこの心なき物は仏を念ずれども*順次(じゅんし)の往生をばとげず、遠縁(おんえん)とはなるべし。この心のおこりたる事は、わが身にしるべし、人はしるべからず。

【十二箇條の問答・昭法全六七六】

❶『観無量寿経』浄全一・四六／聖典一・一七六
❷『往生礼讃』浄全四・三五六下

89

私たち衆生は、計り知れない遠い過去世から、敵にもたとえられる悪しき行いや煩悩に攻めたてられ、六道四生を輪廻して、生き死にを繰り返す迷いの世界から離れ出る術のない身のほどです。だからこそ阿弥陀さまは、「私を信じ私にすがるならば、煩悩という汝の敵を打ち破ろう」と誓われました。ですから、阿弥陀さまのおっしゃるとおりにおすがりすれば、その心を至誠心というのです。また、「南無阿弥陀仏」と怠りなく名号を称え、ひとえに阿弥陀さまにお仕えすれば、その心を深心といい、いのち尽きる時、阿弥陀さまの来迎をいただいて生き死にを繰り返す迷いの世界を離れ出たいと願う心を廻向発願心というのです。

我等衆生は、無始より已来悪業煩悩の敵にせめられて、六道四生を輪廻して生死を離るべきようなきに、阿弥陀仏の、我に帰し我を憑まば、煩悩の敵をうちてえさせんと御誓いあれば、仏を憑み奉るは至誠心なり。名号を唱えておこたりなく、仏に宮仕え奉るは深心なり。最後臨終に来迎にあずかりて生死を離る回向心なり。

【十二問答・昭法全六四二】

90

*三心とは、ただひたすらお念仏に励む行者となる道を教えたものです。たとえ、*智慧を具えぬままに罪を犯してしまった人でも、一途な念仏者となったならば、皆、自ずと三心が具わり、極楽浄土に往生することは間違いありません。ですから三心について学んだ上で念仏者になる人がいる一方、三心という名目さえ知らなくても念仏者になる人もいるのです。

ひたすらに阿弥陀さまの*本願におすがりする心を至誠心といいます。また、その本願を深く信じて「南無阿弥陀仏」と名号を称え、つねに絶え間なく継続していのち尽きるまで退転しないことを深心といい、往生浄土を願う心を廻向発願心というのです。

たとえていえば手先の不器用な人が、器用な人が作ったものを手に入れたようなものです。私たち衆生は不器用な者であって、あれこれと*功徳は造れませんが、阿弥陀さまがありとあらゆる功徳を造り集めて名号に託し込めて、私たち衆生に授けてくださったのです。またたとえるなら、幼いわが子に、親が慈悲の心で多くの財産を蓄え子どもに譲り渡すようなものです。

三心と云うは、一向専修の念仏者に成る道を教えたるなり。無智の罪人なりとも、一向専修の念仏者に成りぬれば、皆ことごとく三心を具足して、往生せん事は決定なり。故に習い知りて一向専修に成る人もあり。三心と云う名だにも知らざれ共、一向専修の念仏者に成る人もあり。一向に仏の願を憑み奉るは至誠心なり。ふかく信じて名号を唱えて、念々相続して畢命を期として退転なきは深心なり。往生をねごうは回向発願心なり。たとえば手づつなる者の、手ききのしたる物を得たるが如し。衆生は手づつにて、万の功徳を造らざれ共、阿弥陀仏、万の功徳を造り集めて名号におさめて、衆生にあたえ給えるなり。又人の子は幼なけれ共、親の慈悲をもって万の財を儲けて子に譲るが如し。【十二問答・昭法全六四三】

91

お尋ねします。『阿弥陀経』の中に「一心不乱」とありますが、これは、いかなる場合であっても阿弥陀さまのみ名を称える際には、他のことを少しも思いまじえてはならないということなのでしょうか。お念仏を一声称える程度ならば、他のことを思いまじえないようにするのはたやすいことですから、一遍のお念仏で往生するという教えから漏れる人などいないように思われます。一方、臨終に至るまで雑念をはさまずにお念仏を称えよと言われても、（それは凡夫にとって甚だ難しいことなので）必ずしも凡夫が往生するとは限りません。こうした矛盾はどう理解したらよろしいのでしょうか。

お答えします。善導大師は「一心不乱」について解釈され、「ひとたび三心を具わったならば、その乱れ破れぬさまをあたかも金剛石のように堅くして、臨終に至るまで念仏することを、名づけて一心という」とおっしゃっています。また、阿弥陀さまの本願（第十八願）の文には「もし、私（法蔵菩薩）が仏となった時、あらゆる世界の衆生が、嘘偽りなく心の奥底からわが浄土に往生したいと願い、念仏を称えること、たとえわずか十遍であったとして、もし往生が叶わなければ、私は仏とならない」とあります。この本願の文にいう「嘘偽りなく（至心）」というのは、『観無量寿経』に明されている三心のうちの至誠心に相当します。「心の奥底から（信楽）」とは深心に、「わが浄土に往生したいと願い（欲生我国）」とは廻向発願心に相当します。この三つをまとめて、臨終に至るまで往生浄土の思いが決して乱れないことを「一心」というのです。

この心を具える人は、一日、あるいは二日のお念仏、あるいはたとえ一遍や十遍のお念仏であっても、必ず往生が叶うというのです。私たち凡夫の心が散り乱れないことなどどうしてあり得ましょうか。（そのような凡夫ですら、お念仏を称えれば往生させていただけるのです）だからこそ、お念仏は易行道といわれているのです。

問う。阿弥陀経の中に、❶一心不乱と候ぞかし、みなこれ阿弥陀仏を申さん時、余事をすこしもおもいまぜ候まじきにや。一声念仏を申さんほど、ものをおもいまぜざらん事は、やすく候えば、一念往生にはもるる人候わじとおぼえ候。またいのちのおわるを期として、余念なからん事は、凡夫の往生すべき事にても候わず。この義いかがこころえ候べき。

答う。善導この事を釈してのたまわく、❷ひとたび三心を具してのち、みだれやぶれざる事、金剛のごときにて、いのちのおわるを期とするを、なづけて一心というと候。阿弥陀仏の本願の文に、❸もし我れ仏を得たらんに十方の衆生至心に信楽して我が国に生ぜんと欲し乃至十念せんに、もし生ぜずんば正覚をとらじ、という。この文に至心というは、観経にあかすところの三心の中の至誠心にあたれり。信楽というは、深心にあたれり。欲生我国は廻向発願心にあたれり。これらをふさねて、いのちのおわるを期として、みだれぬものを、一心とは申すなり。このこころを具せんもの、もしは一日もしは二日、乃至一声十声に、かならず往生する事をうという。いかでか凡夫のこころに、散乱なき事候べき。さればこそ易行とは申すことにて候え。

【要義問答・昭法全六二五】

❶『阿弥陀経』浄全一・五三／聖典一・二〇二
❷『観経疏』浄全二・五九上／聖典二・一二六（趣意）
❸『無量寿経』巻上　浄全一・七／聖典一・二八

92

お尋ねします。「臨終を迎えようとする際に称える一遍のお念仏は、百年の間称え続けたお念仏の*功徳よりすぐれている」といわれていますが、これは、常日頃のお念仏では臨終に称える一遍と同じ功徳があるお念仏など称えられない、ということになるのでしょうか。

お答えします。*三心を具えたお念仏ならば同じものです。なぜなら『観無量寿経』に「三心を具えた者は、必ず極楽浄土に往生する」と説かれているからです。「必ず」の文字がある以上、（常日頃称えるお念仏と）臨終に称える一遍のお念仏とは同じ功徳なのです。

問うて曰く、臨終の一念は百年の業にすぐれたりと申すは、平生の念仏の中に、臨終の一念ほどの念仏をば申しいたし候まじく候やらん。
答う、三心具足の念仏はおなじ事なり。そのゆえは、観経にいわく、❶三心を具する者は必ず彼の国に生ずといえり。必の文字あるゆえに臨終の一念とおなじ事なり。

【十二問答・昭法全六四〇】

❶『観無量寿経』浄全一・四六／聖典一・一七六

93

お尋ねします。*三心を具えてお念仏を称えるならば、往生は必ず叶うのでしょうか。

お答えします。往生は必ず叶います。三心には、教えを学ぶことによって具わる「智具の三心」と、お念仏を称えていくうちに具わる「行具の三心」とがあります。

まず「智具の三心」についてですが、他宗の教えを学び修めてきた人にとっては、その宗の視点からでは念仏往生は信じがたいので、経典や論書から念仏往生を明らかにしている文章を引用してその真意を示し、念仏往生が信じられるように説かれています。（それらを学ぶことによって三心が具わることをいうのです）

次に「行具の三心」についてですが、ひたすら阿弥陀さまに我が身を託す心が至誠心であり、往生への疑いがなければそれが深心であり、往生を目指せばそれが廻向発願心です。ですから、ひたすらお念仏を称えて、疑いの心など抱かずに往生を目指すうちに具わる三心を「行具の三心」というのです。*五念門や*四修なども、ひたすら信ずる者には自ずと身に付くものです。

問う。三心具足の念仏は、決定往生か。

答う。決定往生するなり。三心に智具の三心あり、行具の三心あり。智具の三心というは、諸宗修学の人、本宗の智をもって信をとりがたきを、経論の明文を出し、解釈のおもむきを談じて、念仏の信をとらしめんとてとき給えるなり。行具の三心というは、一向に帰すれば至誠心なり、疑心なきは深心なり、往生せんとおもうは回向心なり。かるがゆえに一向念仏して、うたがうおもいなく往生せんとおもうは行具の三心なり。五念四修も一向に信ずる物には自然に具するなり。【東大寺十問答・昭法全六四四】

94

＊三心という名称からするとそれぞれ別の心持ちのようですが、要は「一向専念」と説かれているように、ひとすじに阿弥陀さまをたよりとしてお念仏を称え、他の行をまじえない、そうした心持ちをいうのです。

三心といえる名は各別なるににたれども、詮ずるところは、ただ❶一向専念といえる事あり、一すじに弥陀をたのみ念仏を修して、余の事をまじえざるなり。【念仏往生義・昭法全六九一】

❶『無量寿経』巻下　浄全一・一九／聖典一・七一

95

（禅勝房が）尋ねました。「『念仏往生を願うならば至誠心などの*三心を具えるべきである』との経文があります。この三心についてはどのように受けとめるべきでしょうか」と。

それに対し上人が次のようにお答えになりました。「三心を具えるにあたっては、とりたてて特別な方法があるわけではありません。阿弥陀さまの*本願に『わが名号を称えよ、されば、必ず来迎しよう』と誓われているからには、必ずやお迎えくださり、浄土へとお導きくださると深く信じなさい。そして、心に往生を願いつつ、口にお念仏を称えることを怠らず、すでに往生を遂げた心持ちで、臨終の最後一遍に至るまで念仏行を投げ出すことがなければ、おのずと三心は具わるのです」と。

問うて云わく、❶至誠等の三心を具すべし。文。三体如何様に意得べき候か。
答えて云わく、三心を具する事、別の様無し。阿弥陀仏の本願に、❷我が名号を称念すれば、必ず来迎せんと誓い給えるが故に、決定して引接せらるべしと深く信ずるなり。心念口称に倦かず、已に往生を得たるの心地にしてしかも最後の一念に至りて退転せざれば、自然に三心を具足するなり。

96

*三心を具えるにあたっては、とりたてて特別な方法があるわけではありません。阿弥陀さまが*本願に『わが名号を称えよ、されば、必ず来迎しよう』とおっしゃっているのですから、必ずやお迎えくださり、浄土へとお導きくださると深く信じて、心に浄土往生を願い、口に「南無阿弥陀仏」と称えることを億劫がってはいけません。そして、もうすでに往生を遂げた心持ちで、臨終の最後一遍のお念仏にいたるまで怠ることがなければ、自ずと三心は具わるのです。（中略）ただ大らかな気持ちで、本願を頼りとして「南無阿弥陀仏」と怠らずに称えるべきです。

三心を具する事はただ別のようなし。阿弥陀仏の本願に❶わが名号を称念せば、かならず来迎せんとおおせられたれば、決定して引接せられまいらす

【禅勝房に示されける御詞　其四・昭法全六九九】

❶『観無量寿経』浄全一・四六／聖典一・一七六

❷『無量寿経』巻上　浄全一・七／聖典一・二九

べしと、ふかく信じてこころに念じ口に称するに、ものうからず。すでに往生したる心地して、最後の一念にいたるまで、おこたらざれば、自然に三心具足するなり。（中略）ただうらうらと本願をたのみて南無阿弥陀仏とおこたらずとなうべきなり。

【配流の途次修行者に示されける御詞・昭法全七一二】

❶『無量寿経』巻上　浄全一・七／聖典一・二九

96-2　三心を具する事は、ただ別のようなし。阿弥陀仏の本願に、❶わが名号を称念せよ、かならず来迎せんと、おおせられたれば、決定して引接せられまいらせんずると、ふかく信じて、心念口称にものうからず、すでに往生したるここちして、たゆまざるものは、自然に三心を具足するなり。

【十二問答・昭法全六四〇】

❶『無量寿経』巻上　浄全一・七／聖典一・二九

97　ある人が法然上人に「*善導大師が阿弥陀さまの第十八*念仏往生願を解釈するに

あたり、その願文にある『嘘偽りなく心の奥底からわが浄土に往生したいと願う心』、すなわち*安心を省略されたのはどういう理由からなのでしょうか」と質問しました。

法然上人は「『衆生が阿弥陀仏の名号を称えれば必ず往生が叶う』と心得れば、三心は自ずと具わるものだからです。こうした道理を明らかにするために、善導大師は略して解釈されているのです」とお答えになりました。

ある人問うていわく、善導、*本願の文を❶釈し給うに、❷至心・信楽・欲生我国の安心を略し給う事、なに心かあるや。
答えての給わく、❸衆生称念すれば必ず往生を得、と知りぬれば、自然に三心を具足するゆえに、このことわりをあらわさんがために略し給えるなり。

【信空上人伝説の詞　其一・昭法全六七二】

（→類似法語・②122参照）

❶『観念法門』浄全四・二二三上／『往生礼讃』浄全四・三七六上

❷『無量寿経』巻上　浄全一・七／聖典一・二九

98

❸『往生礼讃』浄全四・三七六上

ある時、鎮西（九州）の*聖光房弁長上人と*聖覚法印とのお二人だけが、法然上人の御前で浄土のみ教えについて聴聞していました。その時、聖光房が次のように尋ねました。「*本願を仰ぎ信じ、心から浄土往生を願っているとはいえ、妄念は音もなく沸き起こって止め難く、散り乱れる心はいよいよ盛んとなって静まることがありません。これはどうしたものでしょうか」。

法然上人は次のようにお答えになりました。「妄念や雑念が沸き起ころうとも気にせず、また、心が散り乱れたり、清らかでなくともそれを問うことなく、ただ口に名号を称えなさい。もししっかりとお念仏を称えれば、その名号の*功徳として自ずと妄念が止み、散り乱れる心も静まることでしょう。さらに、体や口や心の一切の行いが自然と調えられて、浄土往生を願う心がおのずから沸き起こってくることでしょう。ですから、浄土往生を願う心が少ない時にも『南無阿弥陀仏』、散り乱れる心が増した時にも『南無阿弥陀仏』、妄念が沸き起こった時にも『南無阿弥陀仏』、善き心が起こった時にも『南無阿弥陀仏』、清らかでない心が発(おこ)った時にも『南無阿弥陀仏』、清らかな心が発った時にも『南無阿弥陀仏』、＊三心(さんじん)が欠けている時にも『南無阿弥陀仏』、三心が具わった時にも『南無阿弥陀仏』、三心が沸き起こってきた時にも『南無阿弥陀仏』、三心が完全に具(そな)わった時にも『南無阿弥陀仏』、そうすることこそ必ずや往生を遂げる道なのです。心の底に納めて決して忘れてはなりません」と。

これについて聖覚法印が、「今、上人がお示しになったみ教えでは、三心が欠けていても、ただお念仏を称えれば、名号の功徳として三心が具わり、往生が叶う、と受け止められます。しかしながら、＊善導大師(ぜんどうだいし)の説によれば、『(内心とは裏腹に) 外見はいかにも往生を願っているように振る舞う者は、あたかも、髪の毛に燃えうつった火をあわてふためいて消し払うように、昼夜ひまなく勇ましいほどにお念仏を称えようとも、往生は叶わない』とはっきり示されています。この二つの教えをどのように照らし合わせればよろしいでしょうか」と尋ねると、聖光上人も「私の思うところもまた聖覚房と同じです」と相づちを打ちました。

二人の疑問に対し法然上人は次のようにお答えになりました。「お二方のご不審は、先ほど私が申し上げたこととは的がはずれています。私が申し上げたのは、もともと三心を具えていても、日々の営みの中でお念仏が滞ってしまった時の処方を述べたものです。あなたが引かれた善導大師のご解釈は、三心をまったく具えない事態を避けようとしてのことで、その意図するところは実に巧みなものです。ですから、両者に相違があるわけではありません」。

このようにおっしゃられたので、二人の弟子は、その信仰の深さに言葉もなく、ただ一言、「ああ（なるほど……）」と言われました。

有る時鎮西の聖光房と聖覚と但両人、上人の御前にて浄土の法門聴聞しける時、聖光房尋ね申して云わく、仰ぎて本願を信じ実に往生を願ずれども妄念鎮に起きて止め難し、散乱弥倍して静かならず、此の條如何が候や。

上人答えての給わく、妄念余念をもかえりみず、散乱不浄をもいわず、唯口に名号を唱えよ、もし能く称名すれば仏名の徳として妄念自ら止み、散乱自ら静まり、三業自ら調いて願心自ら発るなり。然れば願生の心の少なきにも南無阿弥陀仏、散乱の増す時も南無阿弥陀仏、妄念の起こる時も南無阿弥陀仏、善心の起こる時も南無阿弥陀仏、不浄の時も南無阿弥陀仏、清浄の時も南無阿弥陀仏、三心の闕けたるにも南無阿弥陀仏、三心具するにも南無阿弥陀仏、三心現起するにも南無阿弥陀仏、三心成就するにも南無阿弥陀仏、これすなわち決定往生の方便なり、心腑に納めて忘ることなかれ。

聖覚尋ねて云わく、今の御義のごときは三心を闕くといえども、唯仏名を唱うれば名号の徳として、三心発得して往生すべしと聞こえ候。然るに和尚、❶虚仮心の行人は昼夜十二時に急に走り急に作すこと頭燃を払うがごとく、勇猛に勤行すとも往生不可なりと定め判じ給えり。彼此の御義如何が合せんや。聖光房の云わく、予が所存も亦た爾りと。

上人答えて云わく、此の不審は今の所談にあらず。これは本より三心を具すれども、歴縁対境の時に如法ならざる、其の治方を述ぶるなり。所引の和尚の解釈は一向に三心の闕けたるを嫌い、意趣もっとも巧みなり。是の故に難にあらずと仰せければ、弟子等両人ながら信仰の余りに申し演べん詞もなく唯一同に阿と云いき。【聖光聖覚両上人との問答・昭法全七三六】

❶『観経疏』散善義巻第四　浄全二・五五下／聖典二・二一九

99

ある人が（隆寛律師に）次のように質問しました。「たとえお念仏を称えても、*三心のことを知らなければ往生は叶わない、と言われていることは、どのように受け止めるべきでしょう」。

それに対し、隆寛律師は次のようにお答えになりました。「まことにその通りです。ただし、故法然上人は、『たとえ三心をよく理解していてもお念仏を称えなければ何にもなりません。たとえ三心を知らなくともお念仏さえ称えていれば、自ずと三心は具わり極楽に往生するのです』とおっしゃいました」と。

あるひと問うていわく、念仏すとも三心をしらでは往生すべからずとそうろうなるは、いかがしそうろうべき。

師のいわく、まことにしかなり。ただし故法然聖人のおおせごとありしは、三心をしれりとも念仏せずばその詮なし。たとい三心をしらずとも念仏だにもうさばそらに三心は具足して極楽には生ずべしとおおせられし。

【隆寛律師聴聞の御詞・昭法全七三七】

100

「*三心が確かに具わったならば、念仏を称えたのに往生が叶わないということなどない。現に往生を願う心を具え、念仏の行もしっかりと修めていれば、もし誰かが『往生など叶わない』と言ったとしても、そんな道理はあるはずもない」と*善導大師は解釈されています。

❶三心すでに具すれば、行の成ぜざることなし、願行すでに成じて、もしうまれずといわば、このことわりある事なけんと。已上。善導の釈の文なり。

【要義問答・昭法全六二五】

❶『観経疏』散善義巻第四　浄全二・六〇下／聖典二・一三〇（趣意）

二、誠の心——至誠心

至誠心とは真実の心です。*善導大師はこれを解釈して「至とは真の意、誠とは実の意である。そうした真実の思いを抱きつつ、」（はるか遠い昔から積み重ねてきた行為の結果、今生に*輪廻してきた）私たちのこの身と、この迷いの世界とを厭い捨て、身や口や心によるはたらきには必ず真実の思いを込めなさい。外見では賢明な善人として努力しているふりをしながら、その実、内心ではそれと裏腹の心を抱く者は、あたかも髪の毛に燃えうつった火を消し払うように一生懸命に昼夜ひまなく念仏を称えようとも、その者の往生は叶わない」とおっしゃっています。外見と内心との間に裏表をつけず、ただただ真実の思いを込めるからこそ、至誠心と名づけるのです。

至誠心というは、真実の心なり。善導釈してのたまわく、❶至というは真の義、誠というは実の義、真実のこころの中に、この自他の依正二報をいといすてて、三業に修するところの行業に、かならず真実をもちいよ、ほ

102

かに賢善精進の相を現じて、うちに虚仮をいだくものは、日夜十二時につとめ、おこなうこと、こうべの火をはらうがごとくにすれども、往生をえずという。ただ内外明闇をえらばず、真実をもちいるゆえに、至誠心となづく。【要義問答・昭法全六二〇】

❶『観経疏』散善義巻第四　浄全二・五五下／聖典二・二一九

（*善導大師が）「至誠心とは真実の心である」と解釈されたのは、内面にある思いと外面に現れる態度とが一致している状態の心を意味しています。何事をするにも誠の心がなくては成し遂げられないものです。ですから、人がありきたりの気持ちで、穢れたこの娑婆世界を厭いもしないのに、さも厭っているかのようなそぶりをし、浄土往生を願ってもいないのに、さも願っているように装うといった、内面と外見とが一致しないことを嫌って、裏表のない誠の心で娑婆世界を厭い浄土往生を願いなさい、と教えているのです。

103

❶至誠心というは真実心なりと釈するは、内外(ないげ)とのおれる心なり。何事をするにも、ま事しき心なくては成(じょう)ずる事なし。人なみなみの心をもちて、穢土(えど)のいとわしからぬをいとうよしをし、浄土のねがわしからぬをねごう気色(けしき)をして、内外とのおらぬをきらいて、ま事の心ざしをもって、穢土をもいとい浄土をもねがえとおしうるなり。

【十二箇條の問答・昭法全六七六】

❶『観経疏』散善義巻第四　浄全二・五五下／聖典二・二一九

至誠心(しじょうしん)とは真実の心です。往生を願ってお念仏を称(とな)えるにあたって、心の底から意を決して修めようとするのを至誠心というのです。心にも思っていないことを態度に表そうとするのは、嘘偽り、真実でない心といえます。心の中で「生き死にを繰り返すこの*三界(さんがい)には、もう二度と戻るまい、浄土に往生しよう」と思ってお念仏を称えれば往生は必ず叶います。ですから、傍目(はため)にはそうした願いを持っているように見えなくとも往生する人もいますし、外見でそうは見えても往生しない人もいるものです。ただ心に、この世の無常のありさまをしかと見据え、（この娑婆に生きる）我が身を厭ってお念仏を称えていくうちに、おのずと至誠心は具わるのです。

> 至誠心と云うは、真実の心なり、往生をねがい念仏を修せんにも心の底よりおもいたちて行ずるを、至誠心という。心におもわざる事を外相ばかりにあらわすを、虚仮不実というなり。心のうちに又ふたたび生死の三界に返らじとおもい、心のうちに浄土にうまれんとおもいて念仏すれば往生すべし。このゆえには、その相も見えざるが往生する事あり、ほかにその相みゆれども往生せざるもあり。ただ心につらつら有為無常のありさまをおもいしりて、この身をいとい念仏を修すれば、自然に至誠心をば具するなり。
>
> 【念仏往生義・昭法全六九〇】

104

安楽房が法然上人に次のように申し上げました。「いわゆる虚仮の者は往生しないといいますが、どのように理解すればよいのでしょうか」と。

すると上人は次のようにお答えになりました。「虚仮の者とは、内心とは裏腹に、外見だけはいかにも往生を願っているように振る舞う者のことです。ただし、みずから往生を願う以前に、無意識のうちにそうなってしまっている場合は、往生の妨げにはなりません。お念仏を称えて往生しようとの信心を具えた方であれば、必ず往生が叶います。決して疑ってはなりません。*善導大師のご解釈をよくよく理解しなければなりません。もし善導大師がこの世にお出ましにならなかったならば、私たちはこの今生にあって、どのようにして*生死の迷いの世界を離れ出ることができるでしょうか」と。

そのようにおっしゃりながら涙を流されると、*聖光房や法力房、安楽房らもみな、それぞれに涙こぼれる眼頭を押さえ、一層、信心を深めました。

安楽房又申して云わく。虚仮の物は往生せずと申すは、何様に心得侍るべきぞや。

上人の給わく、虚仮というはことさらに結構する輩なり。好まずして、自然に虚仮ならんは往生の障りにあらず。❶念仏の信心を発したらん人は、必定して往生すべし。更に疑うべからず。善導の釈を能々意得べきたり。善導おわしまさざらましかば、我等(われら)いかでかこのたび生死を離るべきやと仰(おお)せられて、落涙(らくるい)し給うあいだ、聖光房、法力房、安楽房、みなともに涙をおさえて、信心をましけり。【聖光法力安楽三上人との問答・昭法全七二九】

❶『観経疏』散善義巻第四　浄全二・五五下／聖典二・二一九

105

三、深く信ずる心——深心

（*善導大師(ぜんどうだいし)は深心(じんしん)を解釈してこのようにおっしゃっています）。「深心というのは、深く信じることである。次のようにしかと自己を見据えよ。『この自分は、今現に、悪業(あくごう)を重ねて罪深く、生き死にを繰り返す*凡夫(ぼんぶ)である。果てしない過去世から今にいたるまで、いくたびも迷いの世界に生まれては、常に沈んだり流されたりし、そこから離れ出る縁などなかった身である』と。また、次のようにしかと信じよ。『まさにかの阿弥陀仏は四十八の誓願の力をめぐらし、私たち衆生(しゅじょう)を救い摂ってくださることを疑わず、ためらわずに、その誓願の力にゆだねて必ず往生するのだ』」と。

❶深心というは、ふかき信なり、決定してふかく信ぜよ、自身は現にこれ罪悪*生死の凡夫なり。広*劫よりこのかた、つねにしずみつねに流転して、出離の縁あることなし。また決定してふかく信ぜよ、かの阿弥陀仏の四十八願をもって、衆生をうけおさめて、うたがいなく、うらおもいなく、かの願力にのりて、さだめて往生すと。

【要義問答・昭法全六二〇】

❶『観経疏』散善義巻第四　浄全二・五六上／聖典二・二一二

106

深心とは阿弥陀さまの*本願を信じる心です。この自分は悪事を積み重ね、煩悩にまみれた身ではあっても、阿弥陀さまの本願のお力によって必ず往生が叶うとの道理を聞いたならば、それを深く信じ、微塵の疑いも差し挟まない心をいうのです。多くの人がこの教えを妨害しようと非難し、制して止めようとも、それによって心が惑わされないことを「深い信」というのです。

107

深心というは仏の本願を信ずる心なり。われは悪業煩悩の身なれども、ほとけの願力にて、かならず往生するなりという道理をききて、ふかく信じて、つゆちりばかりもうたがわぬ心なり。人おおくさまたげんとして、これをにくみ、これをさえぎれども、これによりて心のはたらかざるを、ふかき信とは申すなり。【十二箇條の問答・昭法全六七六】

深心（じんしん）とは信ずる心のことです。我が身は悪事ばかりをはたらき、迷いの世界に生き死にを繰り返す*凡夫（ぼんぶ）に他ならないと自省した上で、（そうした我が身を含め）阿弥陀さまは*本願の力で必ずあらゆる衆生（しゅじょう）を救い導いてくださるのだと信じて疑わない、ということです。（阿弥陀さまは）「念仏を称（とな）える者が浄土に往生できなければ仏とはならない」とお誓いになり、しかもすでに仏と成られています。ですから、「お念仏を称える者は間違いなく往生が叶う」と信じるならば、おのずと深心は具（そな）わるのです。

深心と云うは信心なり。わが身は罪悪生死の凡夫なりと信じ、弥陀如来は本願をもって、かならず衆生を引接し給うと信じてうたがわず、❶念仏せん者うまれずば正覚をとらじとちかいて、すでに正覚をなり給えば、称念のものかならず往生すと信ずれば、自然に深心をば具するなり。

【念仏往生義・昭法全六九二】

❶『無量寿経』巻上　浄全一・七／聖典一・二九

これまでにさまざまな善根を積んでこなかった人は、お念仏を称えてこの上ない*功徳を得ようとします。一方で、お念仏以外の善根をたくさん積んできた人は、たとえお念仏を称えなくても往生は叶えられるだろうとあてにしてしまうものです。ですから*善導大師は「自分はこれまでほとんど善根を積んでこなかった身であると自省し、阿弥陀仏の*本願にすがって念仏しなさい」とお勧めになったのです。『無量寿経』に「ひとたび阿弥陀仏の名号を称えれば大利を得る。すなわちこの上ない功徳を得るのである」と説かれています。ましてお念仏を常に継続したならばどれほどの功徳を得ることができるでしょう。ですから、これまでに善根を積んでこなかったからといって、お念仏による往生を疑ってはいけません。

善根なければ、この念仏を修して無上の功徳をえんとす。余の善根おおくば、たとい念仏せずともたのむかたもあるべし。しかれば善導は、❶わが身をば善根薄少なりと信じて、本願をたのみ念仏せよとすすめ給えり。経に❷一たび名号をとなうるに、大利をうとす。すなわち無上の功徳をうととけり。いかにいわんや念々相続せんをや。しかれば善根なければとて、念仏往生をうたごうべからず。

【念仏往生義・昭法全六八九】

❶『往生礼讃』浄全四・三五四下
❷『無量寿経』巻下　浄全一・三五／聖典一・一三四

109

心からお願いします。どうか、どうか、み仏のお言葉をお信じなさい。もしも、ありとあらゆる高僧が百人、千人、万人とやってきて、経典やその注釈書の文章を証拠に示しながら、「*凡夫が念仏を称えたところで、だれ一人として往生は叶わない」と言ったとしましょう。それでも、あなたはほんの一瞬たりとも疑いを抱き後ずさりする心を発してはなりません。そういう時には、ただこのように答えればよいのです。「あなたがお示しになった経典や注釈書の教えを信じないというわけではありません。ただ、あなたが信じている経典や注釈書の教えはあなたにとって縁が深い教えなのであり、私が信じている教えは私にとって縁の深いものなのです。いまお示しになった経典や注釈書は、*菩薩をはじめとして、人間や天人などに向けて一様に説き示された教えです。『観無量寿経』などの浄土*三部経は、汚濁によどんだ悪世に不善の行いを繰り返す凡夫のために説かれたものです。ですから、あなたの言う経典が説かれた時とは、その対象となった人、教えが説かれた場所、そしてその利益などは異なるのです。今、あなたの非難を聞いたことにより、念仏を信ずる心がかえって深まるというものです」と。

　あおぎてねがわくは仏のことばをば信ぜよ、もし一切の智者百千万人きたりて、経論の証をひきて、一切の凡夫念仏して往生する事をえずといわんに、一念の疑退のこころをおこすべからず。ただこたえていうべし、なんじがひくところの経論を、信ぜざるにはあらず、なんじが信ずるところの経論は、なんじが有縁の教、わが信ずるところは、わが有縁の教、いまひくところの経論は、菩薩人天等に通じてとけり。この観経等の三部は、濁悪不善の凡夫のためにときたもう。しかればかの経をときたもう時には、対機も別に、所も別に、利益も別なりき。いまきみがうたがいをきくに、いよいよ信心を増長す。【要義問答・昭法全六二二】

もしも、阿羅漢や辟支仏、あるいは初地から十地にいたる崇高な境地にある菩薩が、どこを見渡しても満ち溢れるほどに現れ、また化仏や報仏が光を放って、全宇宙を覆い尽くすほどの舌を出して「（念仏を称えたところで、凡夫には）往生など叶わない」と仰せになったとしたら、こうお答えなさい。「一人の仏が説かれるみ教えと、あらゆる仏が説かれるみ教えとはまったく同じものです。お釈迦さまが説かれた念仏往生のみ教えが偽りであるとするならば、私たちに戒めた殺生をはじめとする十悪などの罪についても、それを改めて罪を犯してもよいということになるのではないでしょうか（いや、そんなはずはありません）。先に現れた仏さまが嘘、偽りをおっしゃったならば、後に現れた仏さまもまた、嘘、偽りをおっしゃるということになります。いずれにしても、ただひたすらに信じきった念仏往生の教えから、決して心がわりすることなど致しません」と。そして、命尽きるまでこの思いをゆるがせてはなりません。

> もしは*羅漢、辟支仏、初地・十地の菩薩、*十方にみちみち、化仏報仏ひかりをかがやかし、虚空にみしたをはきて、うまれずとのたまわば、またこたえていうべし、一仏の説は一切の仏説におなじ、釈迦如来のときたもう教をあらためば、制止したもうところの殺生十悪等の罪をあらためて、またおかすべからんや。さきの仏そらごとしたまわば、のちの仏もまたそらごとしたもうべし。おなじことならば、ただ信じそめたる法をば、あらためじといいて、ながく退する事なかれ。
> 【要義問答・昭法全六二二】

南無阿弥陀仏という名号には、かつて阿弥陀さまがさとりを目指して発心した時から、さとりを開いて仏となった時までに完成させた、あらゆる修行にも値する六波羅蜜行の功徳すべてが託し込められています。その上で衆生に授けてくださった名号なのですから、おろそかにはしまいと心がけ、「お念仏以外の教えを信じてほかの修行をしている人の言葉に心乱されることなく、南無阿弥陀仏と称えれば本願の不思議な力によって、私どものような罪深い者でも浄土に迎えられ、生死の迷いの世界を離れ出られよう」と思いを固め、たとえ（念珠をとる）手がふさがっていてお念仏を数えられなくても、いのち尽きる時まで常に口に念仏を称えることを深心というのです。

> 名号の中には、阿弥陀仏の初発心より乃至、仏にならせ給いて、六度万行一切の功徳を造りあつめて、名号に納めて衆生に与え給える名号なれば、おろそかにせじとて、別解別行の人にもいいやぶられずして南無阿弥陀仏と唱えるは、不思議の本願なるによりて、かかる罪人どもの浄土へ迎えられ、生死を離れずらんと思いかためて、もし手はふさがらば数をとらずとも、命終らんまで、口に常に唱えるを深心と云うなり。
>
> 【十二問答・昭法全六四二】

112

四、往生を願う心――廻向発願心

廻向発願心とは、これまで修めてきた善根の功徳を極楽往生のために振り向け、そこに往生したいと願う心です。

❶廻向発願心というは、修するところの善根を極楽に廻向して、かしこに生ぜんとねごう心なり。

【念仏往生義・昭法全六九一】

❶『観経疏』散善義巻第四　浄全二・五八下／聖典二・二二六（趣意）

112-2

❶廻向発願心というは、わが修するところの行を廻向して、極楽にうまれんとねごう心なり。

【十二箇條の問答・昭法全六七七】

❶『観経疏』散善義巻第四　浄全二・五八下／聖典二・二二六（趣意）

廻向発願心とは、ありとあらゆる善行の功徳を、極楽往生のためにことごとく振り向け、揺るぎない真実の心をもって、往生が叶うように願うことです。その心の揺るぎなさを、あたかも金剛石のように堅固なものとして、異なる理解や教え、別の解釈や修行を奉ずる人に非難されても、心を乱したり、打ち砕かれたりしてはなりません。

❶廻向発願心というは、一切の善根を、ことごとくみな廻向して、往生極楽のためとす、決定真実のこころの中に廻向して、うまるるおもいをなすなり。このこころ深心なる事、金剛のごとくにして、一切の異見・異学・別解・別行の人等に、動乱し破壊せられざれ。【要義問答・昭法全六二二】

❶『観経疏』散善義巻第四　浄全二・五八下／聖典二・一二六（趣意）

114

*廻向とは、阿弥陀さまの極楽浄土に往生を遂げて後、大慈悲をおこして、生き死にを繰り返す迷いの世界に還って衆生を念仏の教えに導くことです。これを（還相）廻向と名づけます。

❶廻向というは、かのくににうまれおわりて、大悲をおこして、*生死にかえりいりて、衆生を教化するを廻向となづく。【要義問答・昭法全六二五】

❶『観経疏』散善義巻第四　浄全二・六〇下／聖典二・一三〇（趣意）

第六章　日々の暮らし

115

第一節　日々の念仏

世間の営みに追われて忙しい毎日だからこそ、お念仏は称えるべきなのです。なぜなら「念仏は、男性も女性も、身分の高い者もそうでない者も、歩いていても止まっていても、座っていても横になっていても、そうしたことに制約などされない。また、時や場所、さまざまな状況に左右されることもない。念仏を称えるのに憚りなどないのである。さらには、いよいよ最期臨終というその時に至っても、往生の頼りとするには念仏以上のものはない」と言われているからです。お念仏以外の行は、あわただしい生活の中では誠に修め難いものです。ただお念仏一行のみが、在家と出家をへだてることなく、智慧ある者もなき者も問うことなく、称えれば往生の功徳が得られるのですから、日々の暮らしに追われるからといって念仏往生を遂げ損ねることなどあってはなりません。

世間のいとなみひまなければこそ、念仏の行をば修すべけれ。そのゆえは、男女貴賤、行住坐臥をえらばず、時処諸縁を論ぜず、これを修するにかたしとせず。乃至臨終にも、その便宜をえたる事、念仏にはしかずといえり。余の行は、ま事に世間忩忩の中にしては修しがたし。念仏の行にかぎりては、在家出家をえらばず、有智無智をいわず、称念するにたよりあり、世間の事にさえられて、念仏往生をとげざるべからず。

【念仏往生義・昭法全六九〇】

116

（禅勝房が）法然上人に尋ねました。「毎日称えるお念仏の数が、『お念仏を継続している』といえる程度とは、いかほどと見当をつけるべきでしょうか」。それに対し上人が次のようにお答えになりました。「*善導大師の解釈によれば、毎日一万遍以上を称えれば継続といえます。このことは『観念法門』に示されています。ただし、急いで一万遍を称え終えてしまって、あとの時間を虚しく過ごすことがあってはいけません。たとえ一万遍であっても、まる一日かけての勤めとすべきです。およそ、一回の食事をとるほどの間に三度ばかり称える人は、正しく継続している人と言えるでしょう。しかしながら、衆生の能力は一様ではありませんから、継続といえるほどの回数に一定の基準を設けるわけにはいきません。往生を願う志さえ深ければ、お念仏はおのずからと継続できるようになるのです」。

問うて云わく。日別の念仏の数返、相続に入る程の事は幾ばくを定むべく候。

答えて云わく。善導の釈に依らば、❶万已上は相続の分と為すべし。観念法門の中に出ず。但し一万返と雖も急ぎ申して、虚しく時節を過ぐべからず。設い一万返と雖も一日一夜の所作と為すべし。惣じて一食の間に三度許り之を唱えん者は、能き相続の者なり。但し衆生の機根不同なれば、一准に之を定むべからず、もし志深き者は自然に相続する事なり。

【禅勝房に示されける御詞　其四・昭法全六九八】

(→類似法語・①117参照)

❶『観念法門』浄全四・二二六下

116-2

問う、日別の念仏の数返は、相続にいるほどは、いかがはからい候べき。

117

答う、*善導の釈によらば、❶一万以上は相続にてあるべし。ただし一万返をいそぎ申して、さてその日をすごさん事はあるべからず、一万返なりとも、一日一夜の所作とすべし。総じては一食のあいだに三度ばかりとなえんは、よき相続にてあるべし。それは衆生の根性不同なれば、一准なるべからず、こころざしだにもふかければ、自然に相続はせらるる事なり。

【十二問答・昭法全六三五】

❶『観念法門』浄全四・二二六下

（禅勝房が法然上人に）尋ねました。「お念仏の行者の中には、日々のお念仏を常に声に出して絶やさない人もいれば、心の中で念じながらその回数を数える人もいます。どちらが本来のあり方でしょうか」。すると上人は次のようにお答えになりました。「声に出して称えるにしても、心の中で念ずるにしても、すべて南無阿弥陀仏の名号である以上、*いずれもみな往生浄土のための行いとなります。もっとも、阿弥陀さまはその本願として称名念仏を願われたのですから、声に出して称えるべきです。ですから『観無量寿経』には『声を絶やさずに十遍の念仏を称えよ』と説かれ、*善導大師は『私（阿弥陀仏）の名号を称えること、わずか十遍に至るまで』と解釈されているのです。自分の耳に聞こえるほどの声であれば『声に出して称える念仏』です。だからといって他人の心情も考えずに声に出して称えるべきではありません。（とはいえ、）本来は声に出して称えるものとお心得ください」。

問うて云わく。念仏の行者、毎日の所作に声を絶やさざる人有り、又心に念じて数を取る人も有り。何れをか本と為すべく候。

答えて云わく。口に唱うるも心に念ずるも悉く名号なれば、何れも皆往生業と成るべし。唯仏の本願は称名と為すが故に、声を出すべきなり。故に経には❶声をして絶えざらしめ十念を具足せよと説き、釈には❷我が名号を称すること下十声に至るまでと云うなり。我が耳に聞こゆる程なるを高声念仏と為す。但し譏嫌を知らずして高声なるべきにはあらず、地体は声を出ださんと思うべきなり。【禅勝房に示されける御詞　其四・昭法全六九八】

❶『観無量寿経』浄全一・五〇／聖典一・一九〇
❷『往生礼讃』浄全四・三七六上、『観念法門』浄全

117-2

四・二三三上

問う、念仏の行者等、日別の所作において、こえをたてて申す人も候。こころに念じてかずをとる人も候。いずれをかよく候べき。
答う、それは口にも名号をとなえ、こころにも名号を念ずることなれば、いずれも往生の業にはなるべし。ただし仏の*本願の称名の願なるがゆえに、こえをあらわすべきなり。かるがゆえに経❶にはこえをたえず十念せよととき、釈❷には我が名号を称すること下十声に至るまで、と釈したまえり。わがみにきこゆるほどをば、高声念仏にとるなり。さればとて、機嫌をしらず、高声なるべきにはあらず、地体はこえをいださんとおもうべきなり。

【十二問答・昭法全六三五】

❶『観無量寿経』浄全一・五〇／聖典一・一九〇
❷『往生礼讃』浄全四・三七六上、『観念法門』浄全四・二三三上

118

お尋ねします。お念仏を称える時、必ず念珠を手にしなくとも不都合はありませんか。

お答えします。念珠は必ずお持ちなさい。世間では歌を歌ったり舞を舞ったりする時ですら、その拍子に合わせます。念珠で拍子をとりながら舌と手を動かすのです。ただし煩悩を断ち切っていない者には妄念が湧き起こります。それは、たとえば世間でいう客人と主人の関係のようなもので、念珠を手にした時には妄念の数を数えよう、などとは考えずに、念仏の数を数えようと、あくまでお念仏が主であると見立てるならば、念仏が主人、妄念が客人となります。とはいえ、念仏を称える時、心に妄念が湧き起こるのを許されていることすら身に余る恩恵なのです。だからといって、その上、お念仏の途中でいらぬ私語をはさみ、ただ念珠を繰るだけなどというのは、とんでもない心得違いです。

問う。念仏はかならず念珠をもたずとも、くるしかるまじく候か。

答う。かならず念珠をもつべきなり。世間のうたをうたい舞をまうそら、その拍子にしたごうなり。念珠をはかせにて、舌と手とをうごかすなり。ただし無明を断ぜざらんものは妄念おこるべし。世間の客と主とのごと

119

し、念珠を手にとる時は、妄念のかずをとらんとは約束せず、念仏のかずとらんとて、念仏のあるじをすえつるうえは、念仏は主、妄念は客人(まろうど)なり。さればとて心の妄念をゆるされたるは、過分の恩なり、それにあまっさえ、口に様々(ようよう)の雑言(ぞうごん)をして、念珠をくりこしなんどする事、ゆゆしきひが事なり。

【東大寺十問答・昭法全六四四】

ある人が「毎日称(とな)える日課のお念仏として六万遍、十万遍もの数を定めながらも粗雑(そざつ)に称えてしまうのと、二万遍、三万遍と定めてしっかり称えるのと、いずれが正しいでしょうか」と質問しました。

法然上人は「そこが凡夫(*ぼんぶ)の悲しさで、二万遍、三万遍と数を定めたところで、その通りに称えることなどできません。ただ、その数は多いに越したことはありません。要は、(数を多く定めるのは)私たちの心を励ましてお念仏を称えさせるためなのです。日々のお念仏の多少を問題にすることが必ずしも大切なわけではありません。ただお念仏を継続するためなのです。数を決めないと怠ける原因になりますから、数を定めるようにお勧めしているのです」とお答えになりました。

ある人問うていわく、毎日の所作に、六万十万等の数遍をあてて不法なると、二万三万の数遍をあて如法なると、いずれをか正とすべき。

答えての給わく。凡夫のならい二万三万をあつというとも、如法の義あるべからず。ただ数遍のおおからんにしかず、詮ずるところ心をして相続せしめんがためなり。かならずしもかずを沙汰するを要とするにはあらず。ただ常念のためなり。数遍をさだめざるは懈怠の因縁なるがゆえに、数遍をすすむるなり。

【信空上人伝説の詞　其一・昭法全六七二】

（↓類似法語・180、262、②162参照）

119-2

或る人問い奉りて云わく、毎日の所作に六万十万等の数遍を当て、しかも不法なると、二万三万を当て如法なると、いずれをか正とすべく侍らん。上人の曰く、凡夫の習い、二万三万の数遍をあつと云うとも更に如法の義にあるべからず。只数遍の多からんにはしかじ。所詮心をして相続せしめ、

120

只常念の為なり。数を定むるを要とするにあらず。数を定めざれば、懈怠の因縁なれば、数遍をすすむるなり、と。

【或人の問に示しける御詞・昭法全七二二】

「四六時中、忘れることなく念仏を称えよ」との教えは、人それぞれの事情に応じて勧めることですから、自分の心身を奮い立たせる度合いについては、自分なりに推しはかりなさい。また、お念仏を称えている時によくない思いが浮かんでしまうのは、あらゆる*凡夫の悲しい性なのです。そうはいっても、往生の志があってお念仏するのであれば、決してそれは往生の障りとはなりません。たとえば親子の契りを結んだ人たちは、心に多少のすれ違いがあっても、その契りを破棄するほどの気持ちは起こらないので、親子であることに変わりがないようなものです。

そのように、お念仏して往生しようと志した上でお念仏を称えていれば、凡夫であるがゆえに、貪りや瞋りといった煩悩が沸き起こったとしても、（阿弥陀さまと結んだ）念仏往生の約束をひるがえさなければ、往生は必ず叶うのです。

念念にすてざれとおしうる事は、人のほどにしたがいてすすむる事なれば、わが身にとりて心のおよび、身のはげまん程は、心にはからわせ給うべし。又念仏の時悪業の思わるる事は、一切の凡夫のくせなり。さりながらも往生の心ざしありて念仏せば、ゆめゆめさわりとはなるべからず。たとえば親子の約束をなす人、いささかそむく心あれども、さきの約束変改する程の心なければ、おなじ親子なるがごとし。念仏して往生せんと心ざして念仏を行ずるに、凡夫なるがゆえに貪瞋の煩悩おこるといえども、念仏往生の約束をひるがえさざれば、かならず往生するなり。[1]

【十二箇條の問答・昭法全六七五】

❶『観経疏』散善義巻第四　浄全二・五八下／聖典二・二二六

121

ある人が法然上人に「臨終に称えるお念仏と常平生に称えるお念仏とでは、いずれが勝れているでしょうか」と尋ねました。

それに対し上人は次のようにお答えになりました。「まったく同じです。なぜなら、常平生に称えるお念仏と臨終に称えるお念仏とでは、どこにその境がありましょうか。常平生の心持ちでお念仏を称えていても、その時にたまたま死を迎えることになればそれが臨終のお念仏となり、臨終の心持ちでお念仏を称えていても、その時にたまたま生きながらえることとなれば、それが常平生のお念仏となるのです」と。

問うていわく。最後の念仏と平生の念仏と、いずれかすぐれたるや。
答えていわく。ただおなじ事なり。そのゆえは、平生の念仏、臨終の念仏とて、なんのかわりめかあらん。平生の念仏の、死ぬれば臨終の念仏となり、臨終の念仏の、のぶれば平生の念仏となるなり。

【念仏往生要義抄・昭法全六八六】

第二節　念仏の生活

122 お尋ねします。（中略）お念仏を修めるにはどのようにすべきでしょうか。お答えします。*四修を根本とすべきでしょう。四修とは、一つには長時修、二つには慇重修、これは恭敬修とも名づけられています、三つには無間修、四つには無余修です。

> 問う。（中略）行の次第いかが候べき。
> 答う。四修をこそは本とする事にて候え。一つには長時修、二つには慇重修、また恭敬修となづく、三つには無間修、四つには無余修なり。
> 【要義問答・昭法全六二七】

123 一つに長時修については、*慈恩大師（の作とされる）『西方要決』に「はじめ

124

て仏道を志してからさとりに至るまで、決して投げ出さないことである」とあります。また、*善導大師は「いのち尽きるまで、決して中止してはならない」と述べられています。

長時修というは、慈恩の西方要決にいわく、❶初発心よりこのかた、つねに退転なきなり。善導は❷いのちのおわるを期として、誓って中止せざれという。

【要義問答・昭法全六二八】

❶『西方要決』浄全六・六〇四下
❷『往生礼讃』浄全四・三五五下

二つに恭敬修というのは、極楽にまします仏法僧の*三宝につねに心を懸けて深く敬うことです。このことは『往生要集』に説かれています。また、『西方要決』には「恭敬修には五通りがある。一つにはゆかりの深い仏や*菩薩を敬う。二つにはゆかりの深い仏像と教えとを敬う。三つにはゆかりの深い善き導き手を敬う。四つには縁を同じくする仲間を敬う。五つには三宝を敬う」とあります。

恭敬修というは、極楽の仏・法・僧宝において、つねに憶念して尊重をなすなり。❶往生要集にあり。また要決にいわく、❷恭敬修、これにつきて五あり。一つには有縁の聖人をうやまう、二つには有縁の像と教とをうやまう、三つには有縁の*善知識をうやまう、四つには同縁の伴をうやまう、五つには三宝をうやまう。

【要義問答・昭法全六二八】

❶『往生要集』浄全一五・八八下
❷『西方要決』浄全六・六〇四下

125

三つに無間修については、『西方要決』には「つねに念仏して往生を願う心を持ちなさい。いかなる時も、つねにこの思いが続くように工夫しなさい。（中略）今、善き縁に遇って、慈しみ深い父にもたとうべき阿弥陀仏の名を聞いては、まさにみ仏のご恩を念じ、この身の尽きる時まで、つねに心に往生への思いをかけるべきである。そして浄土への信を絶やすことなく続けて、他の行をまじえてはならない」と説かれています。

無間修というは、要決にいわく、❶つねに念仏して、往生のこころをなせ、一切の時において、こころにつねにおもいたくむべし。（中略）いま善縁にあいて、弥陀の慈父をききて、まさに仏恩を念じて、報尽を期として、こころにつねにおもうべし。こころにあいつぎて余業をまじえざれ。

【要義問答・昭法全六二九】

❶『西方要決』浄全六・六〇五上

四つに無余修については、『西方要決』に次のように説かれています。「専ら極楽往生のために礼拝し念仏するのである。その他の行をまじえ修めてはならない。なすべき行は、日々の念仏である」と。

*善導大師も次のように説かれています。「専ら阿弥陀仏の名号を称え、専ら阿弥陀仏を礼拝し、専ら阿弥陀仏と極楽にましますすべての聖者を讃え、その他の行をまじえてはならない。このように専ら修める者は、百人いれば百人が必

ず往生するが、他の行をまじえ修める者は百人いてもわずかに一人か二人が往生するに過ぎない。念仏以外の行をもまじえ修めるという縁を自分から結ぶならば、自身の往生の障害になるばかりでなく、他の者が往生しようとして修めている正しい行にも差し障りが生じかねない。なぜかといえば、私（善導）自らが方々で見聞したところによれば、*出家の行者にしても*在家の信者にしても、教えの理解やその修行は一様ではなく、念仏の一行を専らにする者もいれば、他の行をまじえ修める者もいるなど、さまざまである。しかしその心を念仏一行に徹すれば、十人いれば十人がそのまま極楽浄土に往生し、他の行をまじえる者はただの一人も往生が叶わない」と。

また、善導大師のお弟子（である*懐感禅師）は、師の教えを承け、（『釈浄土群疑論』の中で）「西方浄土に往生するための行を修めようとする者は、*四修を怠ることなく、身と口と意の三つのはたらきに念仏以外の行をまじえることなく、諸仏のあらゆる誓願に依らずに、西方浄土に往生する念仏一行を修め、ただ阿弥陀仏の念仏往生の*本願のみを仰ぐようにせよ」と記しています。

無余修というは、要決にいわく、❶もっぱら極楽をもとめて礼念するなり。

諸余の行業を雑起せざれ、所作の業は日別に念仏すべし。善導ののたまわく、❷専らかの仏の名号を念じ専ら礼し、もっぱらかの仏およびかの土の一切の聖衆等をほめて、余業をまじえざれ。専修のものは、❸百はすなわち百ながらうまれ、雑修のものは百が中にわずかに一、二なり。❹雑縁にねがいつきぬれば、みずからもさえ、他の往生の正行をもさうるなり。なにをもってのゆえに、われみずから諸方をみきくに、道俗解行不同にして、専雑ことなり。ただこころをもはらになさば、十はすなわち十ながらうまる。雑修のものは、一つもえずという。また善導の御弟子釈してのたまわく、❺西方浄土の業を修せんとおもわんものは、四修おつる事なく、三業まじわる事なくして、一切の諸願を廃して、ただ西方の一行と一願とを修せよとこそ候え。

【要義問答・昭法全六三〇】

❶『西方要決』浄全六・六〇五下
❷『往生礼讃』浄全四・三五五下
❸『往生礼讃』浄全四・三五六下
❹『往生礼讃』浄全四・三五七上
❺『釈浄土群疑論』巻第四　浄全六・四九下

127

お尋ねします。*善導大師は『往生礼讃』における深心の解釈で、「たとえ十遍や一遍の念仏であろうとも称えれば必ず往生が叶う（と信じ）、わずか一遍の念仏の中にも疑いの心があってはならない」とされ、一方、『観経疏』の深心の解釈の中では、「片時も忘れることなく念仏を称えるならば、それを*正定の業と名づける」と解釈されています。どちらの所説が私の身の程に適うと思い定めるべきでしょうか。

お答えします。前者の「たとえ十遍や一遍であろうとも……」の解釈は、お念仏を深く信ずるありさまのことで、「片時も忘れることなく……」の解釈は、念仏をしっかりと称えるありさまのことです。ですからこれらは、信心においてはわずか一遍のお念仏で往生が叶うと受け止めて、行においては一生涯にわたってお念仏を励みなさい、とお勧めになっている解釈なのです。また、その大意は「ひとたび、往生を志してからは、この命が尽きるまで決してその志をひるがえすことなく、ただ浄土への往生を期すのみである」という解釈を基本にするべきです。

問う、礼讃の深心の中には、❶十声一声必ず往生を得、乃至一念も疑心有ることと無しと釈し、また疏の中の深心には、❷念念に捨てざる者、是れを正定の業と名づくと釈したまえり。いずれかわが分にはおもいさだめ候べき。
答う、十声一声の釈は、念仏を信ずるよう、念々に捨てざる者の釈は念仏を行ずる様なり。かるがゆえに信をば一念に生まるととり、行をば一形をはげむべしと、すすめたまえる釈なり。また大意は、❸一たび発心して已後、誓って此の生畢るまで、退転有ること無く、唯浄土を以て期とすの釈を本とすべし。

【十二問答・昭法全六三六】

❶『往生礼讃』浄全四・三五四下
❷『観経疏』散善義巻第四　浄全二・五八下／聖典二・一二六
❸『観経疏』散善義巻第四　浄全二・六二上／聖典二・一三三

127-2

問うて云わく。❶礼讃の深心の中に、十声一声定んで往生を得、乃至一念も疑い有ること無し。文。また❷疏の中の深心には、念々に捨てざる者、是れを*正定の業と名づく。文。いかんが分別すべく候。

答えて云わく。十声一声の釈は、是れ念仏を信ずる様なり。信をば一念に往生すと取り、行をば一形に励むべきなり。又❸一たび発心して已後の釈を本意と為すべきなり。

【禅勝房に示されける御詞　其四・昭法全六九八】

❶『往生礼讃』浄全四・三五四下

❷『観経疏』散善義巻第四　浄全二・五八下／聖典二・一二六

❸『観経疏』散善義巻第四　浄全二・六二上／聖典二・一三三

128

（禅勝房が法然上人に）尋ねました。「阿弥陀さまは『わずか一遍の念仏でも往生を叶える』と本願*に誓われていますが、これは往生を願って常日頃からお念仏を称えている者（尋常の機）と、臨終を迎えてはじめてお念仏を称える者（臨終の機）とのいずれにも言えることなのでしょうか」。

それに対し上人が次のようにお答えになりました。「『わずか一遍の念仏でも』と誓われた本願*は、臨終が迫りお念仏が二遍目に及ばない者のために説かれたものです。常日頃からお念仏を称えている者にもあてはまるというのであれば、『長くは一生涯をかけて』という解釈などあるはずもありません。この解釈のとおりに理解すべきです。『お念仏をただ一遍称えることこそ阿弥陀さまの本願である』などという理解が誤りであることは明白です。すでに『常に忘れることなく念仏を称えることをまさしく阿弥陀仏が選定され往生が定まった行、すなわち*正定の業と名づける。なぜなら、それは阿弥陀仏の念仏往生の願に順じた行だからである』と*善導大師が解釈されています。ただこの解釈の本意は『常に忘れることなく念仏を称えることこそ、阿弥陀仏の念仏往生の本願に順じている』ということです。とはいえ、人はそれぞれに本願と出会う時期に早い遅いの相違があるので、『長くは一生涯の念仏から、短くはわずか一遍の念仏に至るまで』の意味で誓われた本願なのです。それ故に善導大師は、阿弥陀さまの*第十八願を『念仏往生の願』と捉えられたのです」と。

問うて云わく。❶本願の一念は、尋常の機、臨終の機に通ずべく候か。
答えて云わく。一念の願は二念に及ばざるの機のためなり。尋常の機に通ずべくば、❷上一形を尽くしの釈有るべからず。此の釈をもって意得べし。必ず一念を仏の本願と為すにあらずと云う事顕然なり。已に❸念々に捨てざる者、是れを正定の業と名づく、彼の仏の願に順ずるが故にと釈す。唯此の釈の意は念々に捨てざる者は即ち本願に順ずと云うべし。但し本願に値う遅速同じからざれば、上一形を尽くし下一念に至ると発し給えるなり。故に善導は念仏往生の願と得るなり。

【禅勝房に示されける御詞　其四・昭法全六九八】

❶『無量寿経』巻下　浄全一・二〇／聖典一・七三
❷『観経疏』玄義分巻第一　浄全二・一〇下／聖典二・二四
❸『観経疏』散善義巻第四　浄全二・五八下／聖典二・二二六

128-2 お尋ねします。阿弥陀さまは「わずか一遍の念仏でも往生を叶える」と本願*に誓われていますが、これは往生を願って常日頃からお念仏を称えている者（尋常の機）と、臨終を迎えてはじめてお念仏を称える者（臨終の機）とのいずれにも言えることなのでしょうか。

お答えします。「わずか一遍の念仏でも」と誓われた本願は、臨終が迫り、お念仏が二遍目に及ばないであろう者のために説かれたものです。常日頃からお念仏を称えている者にもそれがあてはまるというのであれば、「長くは一生涯をかけて」という解釈などあるはずもありません。この解釈のままに理解すべきであって、決して「お念仏をただ一遍称えることこそ阿弥陀さまの本願である」などと言ってはなりません。「わずか一遍や十遍の念仏で往生を叶える」という阿弥陀さまの本願だからといって、「強いてお念仏を励まなくともかまわない」と人が言っているのははなはだしい誤りです。

問う、❶本願の一念は、尋常の機、臨終の機に通ずべく候か。

答う、一念の願は、二念におよばざらん機のためなり。尋常の機に通ずべくは、❷上一形（かみいちぎょう）を尽くし、の釈あるべからず。この釈をもてこころうべし。かならず一念を仏の本願というべからず。一念十念の本願なれば、強ち（あながち）にはげまずとも有りなんと云う人のあるは大いなるあやまりなり。

【十二問答・昭法全六三八】

❶『無量寿経』巻上　浄全一・七／聖典一・二八、同巻下　浄全一・二〇／聖典一・七三（趣意）

❷『観経疏』玄義分巻第一　浄全二・一〇下／聖典

129

「もし、私（*法蔵菩薩）が仏となった時、あらゆる世界の衆生が、嘘偽りなく心の奥底からわが浄土に往生したいと願い、念仏を称えること、たとえわずか十遍であったとしても、もし往生が叶わなければ、私は仏とならない」という阿弥陀さまの*本願の文には、往生を願って常日頃からお念仏を称えている者（尋常の機）と、臨終が迫ってはじめてお念仏を称える者（臨終の機）とが含まれています。「乃至」とは、往生を願って常日頃からお念仏を称えている者に向けてのことであり、「念仏を称えることわずか十遍」とは、臨終が迫ってはじめてお念仏を称える者に向けてのことです。常日頃からお念仏を称えている者は、それが十年であれ、一年であれ、ひと月であれ、一日であれ、あるいはたとえ一時しか称えられなかったとしても往生が叶うのです。これらの相違はみなその寿命の長い短い、往生を願う心を発した時点の早い遅いによります。こうした人びとはみな、ひとたび往生を志して以降、浄土に往生するまで称え続ける「尋常の機」なのです。

一方、臨終が迫ってはじめてお念仏を称える「臨終の機」とは、いよいよ病が重くなり、その命も残りわずかとなった時、*善知識の導きによって、はじめて阿弥陀さまの本願に出会った者です。そうした者のためにこそ、「たとえ一遍や十遍のお念仏でも往生を叶えよう」と誓われた阿弥陀さまの本願を、常日頃のお念仏のことにすり替えて、「わずか一遍や十遍でも往生するのだから、念仏をおろそかにしても往生できぬはずはない」などと人が言うのはとんでもない誤りです。「常に忘れることなく念仏を称えることをまさしく阿弥陀仏が選定され往生が定まった行、すなわち*正定の業と名づける。なぜなら、それは阿弥陀仏の念仏往生の願に順じた行だからである」との*善導大師の解釈は、称えるお念仏の数が積み重なっていくのも、本願に込められた阿弥陀さまのはからいであると受け止めてのことです。とはいえ、人はそれぞれに本願と出会う時期に早い遅いの相違があるので、「長くは一生涯の念仏から、短くはわずか一遍の念仏に至るまで」の意味で誓われた本願であると心得るべきなのです。それ故に善導大師は、阿弥陀さまの*第十八願を「念仏往生の願」と名づけられたのです。

❶もし我れ仏を得たらんに、*十方の衆生、至心に信楽して、我が国に生ぜんと欲して、乃至十念せんに、もし生ぜずんば、正覚を取らじといえる本願の文の中には、平生の機あり、臨終の機あり。乃至は平生の機、十念は臨終の機なり。平生の機は乃至十年申して生まれ、乃至一年申して生まれ、乃至一月申して生まれ、乃至一日申して生まれ、乃至一時申してうまる。是れみな寿命の長短、発心の遅速によるなり。此れ等はみな一たび発心して後、浄土まで申すべき尋常の機なり。臨終の機といえるは、病せまり命一念十念につづまりて後、知識の教えによりて、初めて本願にあえる機なり。臨終のために発し給える一念十念を平生に引き上げて、一念十念にも生まれば、念仏はゆるけれども、往生不定には思うべからずと申す人は、ゆゆしきあやまりなり。❷念念に捨てざる者、是れを正定の業と名づく、彼の仏の願に順ずるが故にの釈は、数返つもらんをも、本願とはきこえたるは、ただ本願にあう機の、遅速不同なれば、上一形を尽くし下一念に至ると、おこしたまえる本願なりとこころうべきなり。かるがゆえに、念仏往生の願とこそ、善導は釈したまえ。

【十二問答・昭法全六三八】

130

お尋ねします。阿弥陀さまの第十八念仏往生願*には「十念して往生する」と説かれ、本願*が成就したことを示す文には「一念して往生する」と説かれていますが、これは常日頃称えるお念仏のことでしょうか、それとも臨終にあたって称えるお念仏のことでしょうか。

お答えします。（中略）聖道門*では、ある行をある時に修めればそれまで犯してきた罪の報いが即座に除滅されて、以後、その行を継続しなくとも成仏する、という説があります。しかしこれは、お釈迦さまが人びとに仏縁を結ばせようと方便で説かれたことであって、（一度修行さえすれば）おのずと成仏に至る、という意味ではありません。特に、華厳*・禅・真言*・止観*などのきわめて奥深い教えにおいてそのようなことが言われています。経典に「十念」「一念」と説かれているのは、元来怠け者である衆生にお念仏との縁を結ばせようと意図し

❶『無量寿経』巻上　浄全一・七／聖典一・二八
❷『観経疏』散善義巻第四　浄全二・五八下／聖典二・二二六

たことであって、それをいいことに、その本意を理解しない者が「お念仏を一遍称えたならば、以後は称えなくとも往生するのだ」と思い込んで、お念仏を止めてしまうのはなんとも残念なことです。「十念」とあるのは、「長くは一生涯の念仏」に対して言っているのです。お念仏との出会いが遅い人は臨終までの時間が短いので、結果的に百遍には及ばなかったため十遍、十遍には及ばなかったため一遍ということなのです。

たとえば、私、源空がこの衣を焼き捨てたならば衣は麻との縁を失うことになるでしょう。（しかし）この衣がある限りは麻との縁が失われるわけではありません。過去、はるか昔の前世から罪業を積み重ねて今あるこの身も、そのように罪を重ねる縁をそなえたままなのです。（修行をやめた時点で）身も心ももとのままならば、何をもって修行の成果とし、罪が滅した証とすべきでしょう。罪の報いを滅した人は*輪廻を超えた身となり、そうしてさとりを得た者は金色の肌となるのです。阿弥陀さまは*本願に「浄土に往生した者の肌はみな金色としよう」と誓われていますが、お念仏を称える人で、いったい誰が臨終を迎える前に金色となる人がいるでしょう。いかにも才智や分別があるようには振る舞わず、「ひとたび往生の志を発したならば、以後、決してお念仏をやめてしまってはならない」との*善導大師のご解釈をただただ仰ぎ、来迎を待つべきです。

問う。❶本願には十念、❷成就には一念と候は、平生にて候か、臨終にて候か。答う。（中略）聖道にはさように一行を平生にしつれば、罪即時に滅して、のちに又相続せざれども、成仏すという事あり。それはなお縁をむすばしめんとて、仏の方便してとき給える事なり、*順次の義にはあらず。華厳・禅門・真言・止観なんどの、至極甚深の法門こそ、さる事はあれ。これは衆生もとより懈怠のものなれば、疑惑のもの一度申しをきてのち申さずとも、往生するおもいに住して、数遍を退転せん事は、くちおしかるべし。十念は上尽一形に対する時の事なり。おそく念仏にあいたらん人はいのちつづまりて、百念にもおよばぬ十念、十念にもおよばぬ一念なり。この源空がころもをやきすててこそ、麻のゆかりを滅したるにてはあらめ、これがあらんかぎりは、麻の滅したるのではなき事なり。過去無始よりこのかた、罪業をもって成ぜる身ももとのごとし、心ももとの心ならば、なにをか業成じ罪滅するしるしとすべき。罪滅する者は*無生をう、無生をうる者は、金色のはだえとなる。弥陀の願に[3]金色となさんとちかわせ給えども、念仏申す人たれか臨終以前に金色となる。ただものさかしからで、[4]一たび発心して已後、退転有ること無しの釈をあおいで、まつべきなり。

【東大寺十問答・昭法全六四六】

❶『無量寿経』巻上　浄全一・七／聖典一・二八
❷『無量寿経』巻下　浄全一・二〇／聖典一・七三
❸『無量寿経』巻上　浄全一・六／聖典一・二四
❹『観経疏』散善義巻第四　浄全二・六二上／聖典二・一三三

131

悪事をはたらく者さえ見捨てぬ阿弥陀さまの本願*であるということを聞いたならば、「まして善人ならばどれほど喜んでくださるだろうか」と思うべきです。阿弥陀さまは、たとえわずか一遍や十遍しかお念仏を称えなかった者であっても迎えに来てくださる、ということを聞いたならば、「まして百遍、千遍と称えればなおさらである」と考え、気力の及ぶ限り、体力の続く限りは、お念仏に勤しみなさい。とはいえ、（いくら善人になろう、お念仏に励もうと努めたとしても）自身の器量の限界に気づかぬまま、（これではまだ）阿弥陀さまのお迎えにあずかれない、などと疑ってはなりません。たとえ七十歳、八十歳の生涯であっても、思えば夢のようにはかないものです。まして老いてから死ぬか、若くして死ぬかは定まっていないのですから、何歳まで生きたいなどとは考えないことです。浄土往生を願うほか、後生を頼む気持ちがあってはなりません。（このように）ただ一筋にお念仏を称えなさいと勧めるいわれについては一つにとどまりません。

悪をもすて給わぬ本願ときかんにも、まして善人をば、いかばかりかよろこび給わんと思うべきなり。一念十念をもむかえ給うときかば、いわんや百念千念をやとおもいて、心のおよび、身のはげまれん程ははげむべし。さればとてわが身の器量のかなわざらんをばしらず、仏の引接をばうたごうべからず。たとい七、八十のよわいを期すとも、おもえばゆめのごとし。いわんや老少不定なれば、いつをかぎりと思うべからず。さらにのちを期する心あるべからず。ただ一すじに念仏すべしという事、そのいわれ一にあらず。

【十二箇條の問答・昭法全六八二】

132

ある人が法然上人に尋ねました。「戒律に従った食事の摂り方をするように、と多くの人が勧めていますが、上人はどのようにお考えでしょうか」。これに対して上人がお答えになりました。「尼僧も僧も、一日に一食のみで正午以降は食事を摂らないとする戒を守るのは当然のことですが、こんな時代となっては人の資質も低下し、食料も欠乏しています。このような状況では、一食では十分とはいえず、心は食事のことばかりを考えてしまい、お念仏を称えようにも心が静まりません。ですから『菩提心経』に『食事はさとりを目指す心を妨げはしない。貪りの心がさとりを妨げるのである』とあるのです。戒律に従って食事を摂ることが往生のための正しき行業では決してありません。ただあなたご自身の状況を鑑みて、お念仏に飽きることがあってはなりません。怠たることのないようにはからって、何としてもお念仏を継続すべきです」。

或る人問い奉りて云わく、人、多く持斎を勧め侍り。何様に存ずべく候やらんと。

上人曰く、尼法師の食の作法は、もっとも然るべし。但し当世は機已におとろえ、食又減ぜり。此の分齋にて、一食ならば心偏えに食事を思いて念仏の心静かなるべからず。されば菩提心経には、❶食、菩提を妨げず、心能く菩提を妨ぐ、といえり。持齋全く往生の正業にあらず。只自身の分齋に随がいて念仏に倦べからず。懈怠なきほどをあいはからいて、念仏を相続すべきなり。

【或人の問に示しける御詞・昭法全七二一】

（→類似法語・②168参照）

❶羅什訳『仏説荘厳菩提心経』（正蔵一〇）のことと思われるが、該当の文句は見出せなかった。なお法然上人は『選択集』第六章においてこの経典を引用している。

132-2

尼法師の食の作法は、もっともしかるべしといえども、当世は機すでにおとろえたり。食すでに減じたり。この分齋をもって一食せば、心ひとえに食事をおもいて念仏しずかならじ。❶菩提心経にいわく、食、菩提を妨げず。心能く菩提をさまたぐといえり。そのうえ自身をあいはからうべきなり。

【信空上人伝説の詞　其一・昭法全六七〇】

❶ 前出に同じ

133

僧侶の守るべききまりは*大乗（だいじょう）・*小乗（しょうじょう）それぞれの戒律によります。しかしながら、この*末法（まっぽう）の時代の僧にはそれが守りきれません。たとえ私（源空（げんくう））が「戒律を守りなさい」と誡（いまし）めたところで、いったい誰が従えるでしょうか。要はただ、お念仏が継続できるよう努めて心がけるべきなのです。往生のためには、すでに念仏が正しき行業（ぎょうごう）とされています。ですからこの教えを素直に守って、しかと励まなければなりません。

僧の作法（さほう）は大小の戒律あり。しかりといえども末法の僧これにしたがわず、源空これをいましむれども、たれの人かこれにしたごうべき。ただ詮（せん）ずるところは念仏の相続するようにあいはかろうべし。往生のためには、念仏すでに*正業（しょうごう）なり。かるがゆえにこのむねをまぼりて、あいはげむべきなり。

【信空上人伝説の詞　其一・昭法全六七〇】

134

仁和寺に住んでいた尼僧が法然上人のもとに参って悩みを相談しました。「自ら『法華経』を千回読むように志したのは、以前から念じてきた願い事があってのことで、ようやく七百回を読み終えました。しかしもうすでに歳を重ねてしまいました。いかにして残り三百回を読むという功徳を積めばよいのやら、何も考えが浮かびません」と。

尼僧がそう嘆いていると、上人は「お年を召されたあなたの身で、よくぞご立派に七百回までお読みになられました。これから先は、ただひたすらにお念仏を称えるのがよろしいでしょう」とおっしゃいました。

（↓類似法語・②169参照）

仁和寺にすみける尼、上人にまいりて申すよう、みずから千部の法華経をよむべきよし、宿願の事ありて七百部はすでによみおわれり。しかるにとしすでにたけ侍りぬ。のこりの功いかにしておえ侍るべしともおぼえ侍らずとなげき申しければ、としよりたまえる御身には、めでたく七百部まではよみ給えるものかな。のこりをば一向念仏になされ候べしと。

【法華読誦の尼に専修念仏を示されける御詞・昭法全七三六】

135

この世を生きていくには、お念仏が称えられるように暮らしていくべきです。お念仏の妨げになるような事は厭い捨てなさい。住まいを構えては称えられないというならば、行脚して称えなさい。それでは称えられないというのであれば、どこかに住まいを構えて称えなさい。俗世を離れた修行者となっては称えられないというならば、俗世の暮らしの中で称えなさい。それでは称えられないというのであれば、俗世を離れて称えなさい。ひとり籠ってでは称えられないというのであれば、志を同じくする人と一緒に励まし合って称えなさい。それができなければ、ひとり籠って称えなさい。自分の力では衣食を賄えず、お念仏が称えられないというのであれば、人様の力に助けていただいて称えなさい。それがままならないようであれば、自分で衣食を賄って称えなさい。お念仏を称えていくためには、その支えとなるもので「お米」以上にそれを支えてくれるものはありません。衣食住の三つは、お念仏を称えるこの身を支えるものなのです。よくよく心がけなくてはなりません。

妻を迎えることも、我が身を支えてもらってお念仏を称えるためです。しかし、かえってそれがお念仏の妨げとなるようであれば決して妻を迎えてはなりません。家臣や一族についても同じことです。領地を持つことも、およそそれがお念仏を称える支えとなるならば大切なことです。しかし、それらがお念仏の妨げとなるようであれば決して持ってはなりません。

これらをまとめていえば、ご自身がこころ穏やかにお念仏を称え往生が叶うようにはからうのであれば、そのすべてはお念仏をより励ます＊助業（じょごう）となるのです。死後には＊地獄（じごく）・餓鬼（がき）・畜生（ちくしょう）の世界に帰るしかない罪深いこの身ではあっても、いとおしいのですから自愛し、いたわりなさい。まして、往生が叶うお念仏を称える身であればこそ、是非ともいたわり大切になさい。ほんの少しであってもないがしろにしてはなりません。よくよくいたわりなさい。

仮に、お念仏の励みとするわけでもなく、ただこの世を渡るためだけにいたずらにむさぼり求めるのであれば、それは地獄・餓鬼・畜生の＊三悪道（さんあくどう）に堕（お）ちる行いとなります。極楽往生のお念仏を称えるために、あれこれ求めてこの身を育むのであれば、それは往生の助業となるのです。

現世を過ぐべきようは、念仏の申されん方によりてすぐべし。念仏の妨げに成りぬべからん事をば、いとい捨つべし。一所にて申されずば修行して申すべし。修行して申されずば、一所に住して申すべし、ひじりで申されずば、在家に成りて申すべし。在家にて申されずば、遁世して申すべし、ひとり籠り居て申されずば、同行と共に行じて申すべし。共に行じて申されずば、一人籠り居て申すべし、自力にて衣食叶わずして申されずば、他力にて他人に助けられて申すべし。他人の助けにて申されずば、自力にて申すべし。念仏の第一の助業米に過ぎたるはなし。衣食住の三は念仏の助業なり。能々たしなむべし。妻を儲くる事、自身助けられて念仏申さん為なり。念仏の妨げに成りぬべからんにはゆめゆめもつべからず。従類眷属も是くの如し。所知所領を儲けん事も、惣じて念仏の助業ならば大切なり。妨げに成るべくばゆめゆめ持つべからず。すべて是をいわば、自身安穏にて念仏往生をとげんが為には何事もみな念仏の助業なり。三途に帰るべき事をする身をだにも捨て難ければ、かえり見はぐくむぞかし。まして往生すべき念仏申さん身をば、いかにもいかにも羽含みもてなすべきなり。かりそめにもいるかせにはすべからず。能々いたわるべきなり。念仏の助業ならずして今生の為に身を貪求するは、三悪道の業となる。往生極楽の為に自身を貪求するは往生の助業となるなり。【十二問答・昭法全六四〇】

（↓類似法語・②172参照）

136

（禅勝房が法然上人に次のように）尋ねました。「往生浄土のために阿弥陀さま以外のみ仏や浄土三部経以外の経典とご縁を結び、お念仏を称える励みとすることは雑行となるのでしょうか」。

すると上人は次のようにお答えになりました。「わが身を阿弥陀さまの本願に託し、必ず往生するのだとの信が確立した上ならば、他のさまざまな善根にご縁を結ぶことは決して雑行とはなりません。むしろ、念仏往生に心を向かわせる行となるはずです。善導大師の解釈には『念仏以外の善根もわが喜びとし、自身が、そして他人がこれまで積んできた善根の功徳をすべて浄土往生へと振り向ける』とあります。これをもとに理解すべきです」。

問うて云わく。余仏余経に付きて結縁助成せん事は、雑と成るべく候か。

答う。我が身、仏の本願に乗じて後、決定往生の信起こらん上は、他善に結縁せん事、全く雑行と為るべからず、往生の助業とは成るべきなり。善導の釈中、❶已に他の善根を随喜し、自他の善根をもって浄土に廻向す。云々。此の釈をもって知るべきなり。

【禅勝房に示されける御詞　其四・昭法全六九七】

❶『観経疏』散善義巻第四　浄全二・五八下／聖典二・一二六

136-2

問う、余仏余経につきて、善根を修せん人に、結縁助成し候ことは、雑行にてや候べき。

答う、我がこころ弥陀仏の本願に乗じ、決定往生の信をとるうえには、他の善根に結縁し助成せん事、まったく雑行となるべからず。わが往生の助業となるべきなり。他の善根を随喜讃嘆せよと❶釈したまえるをもて、こころうべきなり。

【十二問答・昭法全六三三】

137

極楽往生を願っているわけでもなく、（その上）お念仏をお称えにならないことこそ、まさに往生の障害なのです。お念仏に気の進まない人は、量り知れない*功徳の宝を失うに違いない人です。それに対して、すすんでお念仏に励む人は、浄土に往生して間違いなく大いなるさとりを開く人です。くれぐれも往生を願う心でお念仏を称え続けるべきなのです。

極楽のねがわしくもなく、念仏のもうされざらん事こそ、往生のさわりにてはあるべけれ。念仏に倦き人は、無量の宝を失うべき人なり。念仏にいさみある人は、無辺の悟りを開くべき人なり。相い構えて願往生の心にて念仏を相続すべきなり。

【十二問答・昭法全六三八】

（→類似法語・37参照）

❶『観経疏』散善義巻第四　浄全二・五八下／聖典二・一二六

138

第三節　人の子として

「浄土往生を遂げるには念仏さえ称えていれば不足はない」などとうそぶいて悪事さえも憚らず、なすべき慈悲の行いを実践もせず、ましてお念仏に励まないようでは、仏教の定めに反するというものです。たとえば、父母は慈悲の心で良い子も悪い子も同様に育みますが、良い子のことは喜び、悪い子のことは嘆き悲しむようなものです。同じように、仏さまはあらゆる人々を哀れみ、善人も*悪人も仏の世界へ導き渡してくださいますが、善人を見ては喜び、悪人を見ては悲しまれるのです。いわば、肥沃な土地に良い種を蒔けば良質の作物が実るようなものです。是非とも善人であるよう心がけてお念仏を称えなさい。こうした人を「真に仏教に従う者」というのです。要は、常にお念仏を称えて浄土往生に心を向け、阿弥陀さまのお迎えを強く願い、たとえ病に倒れて死が迫ろうとも、うろたえることなく往生を心待ちにすべきなのです。

念仏して往生するに不足なしといいて、悪業をもはばからず、行ずべき慈悲をも行ぜず、念仏をもはげまざらん事は、仏教のおきてに相違するなり。たとえば父母の慈悲は、よき子をも、あしき子をもはぐくめども、よき子をばよろこび、あしき子をばなげくがごとし。仏は一切衆生をあわれみて、よきをも、あしきをもわたし給えども、善人を見てはよろこび、悪人を見てはかなしみ給えるなり。よき地によき種をまかんがごとし、かまえて善人にしてしかも念仏をも修すべし。これを真実に仏教にしたごう者というなり。詮ずるところ、つねに念仏して往生に心をかけて、仏の引接を期して、病にふし、死におよぶべからんに、おどろく心なく往生をのぞむべきなり。

【念仏往生義・昭法全六九二】

139

み仏は悪人*をお見捨てになられることはありませんが、進んで悪事をはたらくようでは、み仏の弟子ではありません。み仏のいかなる教えであれ、悪を止めていないものはありません。とはいえ、どうしても悪を止めきれない者に対してみ仏は、お念仏を称えて罪の報いを消し去りなさい、とお勧めになっているのです。悪を止められない我が身を棚に上げて、み仏にその罪の始末をつけてもらおうなどとは、とんでもない思い違いです。自分で悪事を止められないのなら、「仏さま、どうかお慈悲の心をお捨てにならず、この罪を消し去って私をお迎えに来てください」と願うべきです。「かまわずに罪を犯しなさい」などということは、み仏のいかなる教えにも説かれていません。

たとえば、人の親というものすべてのは我が子を愛おしみますが、子のなかには良い子もいれば悪い子もいます。どちらに対しても慈悲の心で接しはしますが、悪さをする子には目を釣り上げ、杖を振りかざして誡めるようなものです。み仏の慈悲が広く誰のもとにも注いでくださることを聞くにつれ、「それならば罪を造ろう」などと受け止めるならば、それこそみ仏の慈悲から漏れ落ちてしまうに違いありません。悪人さえもお見捨てにならない*本願と知るにつけても、私たち衆生を救い摂るみ仏の思し召しに、至らぬ我が身をますます恥じ入り、悲しみなさい。両親の慈悲をいいことに、その前で悪事をはたらいたなら(果たして)両親は喜ぶでしょうか。嘆きながらも見捨てず、哀れ悲しみながらも叱りつけます。み仏もまた、同じようなものなのです。

ほとけは悪人をすて給わねども、このみて悪をつくる事、これ仏の弟子にはあらず。一切の仏法に悪を制せずという事なし。悪を制するに、かならずしもこれをとどめえざるものは、念仏してそのつみを滅せよとすすめたるなり。わが身のたえねばとて、仏にとがをかけたてまつらん事は、おおきなるあやまりなり。わが身の悪をとどむるにあたわずば、ほとけ慈悲をすて給わずして、このつみを滅してむかえ給えと申すべし。つみをばただつくるべしという事は、すべて仏法にいわざるところなり。たとえば人のおやの、一切の子をかなしむに、そのなかによき子もあり、あしき子もあり。ともに慈悲をなすとはいえども、悪を行ずる子をば目をいからし、杖をささげて、いましむるがごとし。仏の慈悲のあまねき事をききては、つみをつくれとおぼしめすというさとりをなさば、仏の慈悲にももれぬべし。悪人までをもすて給わぬ本願としらんにつけても、いよいよほとけの知見(ちけん)をばはずべし、かなしむべし。父母の慈悲あればとて、父母のまえにて悪を行ぜんに、その父母よろこぶべしや。なげきながらすてず、あわれみながらにくむなり。ほとけも又もってかくのごとし。

【十二箇條の問答・昭法全六七九】

140 人から「尊いお方よ」と思われたいからと、外面を取り繕うのは罪となることもあるでしょう。悪事を止めるために、たとえ心に悪しき思いが浮かんできても、それを表に出すまいと自制するのは、至らぬ我が身をみ仏に恥じ入る心の表れです。とにかく、悪事を止めお念仏の*功徳を積むべきなのです。日頃からそのように努めなければ、臨終を心安らかに迎えることも難しいでしょう。日ごと、今日こそ自分の臨終だと思って、床につくたびに十遍のお念仏を称えなさい。こうしたわけで、寝ても醒めても（お念仏を）忘れてはならない。と言われているのです。

人の帰依をえんとおもいて、ほかをかざらんはとがあるかたもやあらん。悪をしのばんために、たとい心におもうとも、ほかまではあらわさじとおもいて、おさえん事は、すなわちほとけに恥じる心なり。とにもかくにも悪をしのびて、念仏の功をつむべきなり。習いさきよりあらざれば、臨終正念もかたし。つねに臨終のおもいをなして、臥すごとに十念をとなうべし。さればねてもさめても、わするる事なかれといえり。

【十二箇條の問答・昭法全六八〇】

141 極楽浄土の阿弥陀さまに慕わしさが募るあまり、そのお姿を仏像に刻んで真の仏さまとして思いを寄せることは、*功徳を得る行いとなります。

浄土の仏のゆかしさに、そのかたちをつくりて、真仏の思いをなすは、功徳をうる事なり。

【東大寺十問答・昭法全六四五】

第四節　ともに歩む

142 ある時、法然上人が次のようにお示しになりました。「浄土宗の教えを学ぶ者は、まずは次のようなことを知らねばなりません。ご縁のある人のためなら、身も命も財産も投げ捨ててでも、ひたすら浄土の教えを説き広めるべきです。また、自身の往生のためには世俗のあらゆる喧噪を離れて称名念仏の一行を修めるべきです。この二つの他には、いかなることも必要ありません」と。

> 有る時上人示して云わく、浄土宗の学者は先ず此の旨を知るべし。有縁の人の為には身命財を捨てても、偏えに浄土の法を説くべし。自らの往生の為には諸の囂塵を離れて専ら念仏の行を修すべし。此の二事の外、全く他の営みなしとぞ仰せられける。
>
> 【聖覚法印に示されける御詞　其六・昭法全七三五】

143

(配流の命が下ってもなお、法然上人が念仏往生の教えを説かれるので) 西阿弥陀仏という弟子が差し出がましくも上人の前に進み出て「断じてこの教えを説くべきではありません。皆さま方も御返事などなさいませんように」と申し上げました。

すると上人は「そなたは経文や祖師方の解釈を見ていないのか」とおっしゃいました。西阿弥陀仏がふたたび「たしかに経文や祖師方の解釈には、ひたすら念仏せよとありますが、ただ私は周囲の眼を心配してご進言したまでです」と申し上げると、上人は「私はたとえこの首をはねられようとも、念仏往生の教えを説かないわけにはまいりません」とおっしゃいました。

西阿弥陀仏という弟子推参していわく、是くの如きの御義ゆめゆめあるべからず候。おのおの御返事を申さしめ給うべからずと云々。上人の給わく、汝経釈の文をみずや。西阿がいわく、経釈の文はしかりといえども、世間の機嫌を存ずるばかりなり。上人の給わく、我れ首をきらるるとも此の事いわずばあるべからずと云々。

【御流罪の時西阿弥陀仏との問答・昭法全七一五】

(→類似法語・②188参照)

京の都の高位高官の人々がお念仏の教えに帰依するようになってから長い年月

が経ちましたが、都から遠く離れた地方の人々がお念仏の教えに導かれるようになってからは、まだ日は浅いのです。そうした人々に教えを説くことこそ、私の永年の望みでしたが、いまだその機会に恵まれませんでした。そう願いながら年月を重ねてきたところ、時、ここにいたってその望みを果たすことができるのは、まったくもって朝廷からの賜りものと言えましょう。

洛陽の月卿雲客の帰依は年久敷く、辺鄙の田夫野人の化導は日浅し、是れ則ち年来の本懐なりしか共、時いまだいたらざれば、思いながら年月を送る所に、此の時年来の本意を遂げぬる事併しながら朝恩なり。

【讃岐在国の間、門弟に示されける御詞・昭法全七一九】

（↓類似法語・②190参照）

145

*法蓮房信空上人が法然上人に申し上げました。「古来、高僧方はどなたにも、弟子に残された遺跡寺院というものがございます。ところが上人は堂宇の一つもお建てになっていません。上人が往生なされた後は、残された私たちはどこ

をご遺跡とすればよろしいのでしょうか」。
これに対して法然上人がお答えになりました。「遺跡を一カ所に定めてしまうと、お念仏の教えが遍く広まることはないでしょう。私の遺跡は日本中、いたるところにあるのです。なぜならば、称名念仏の行を広めていくことが、私が生涯をかけてすすめてきたことだからです。ですから、お念仏の声するところは、身分の高い低いに関わらず、海人や漁師などが使う簡素な小屋にいたるまで、どこもみな私の遺跡となるのです」と。

法蓮房申さく、古来の先徳、みなその遺跡あり。しかるにいま、精舎一宇も建立なし。御入滅の後、いずくをもてか御遺跡とすべきやと。上人答え給わく、あとを一廟にしむれば、遺法あまねからず、予が遺跡は、諸州に遍満すべし。ゆえいかんとなれば、念仏の興行は愚老一期の勧化なり。されば、念仏を修せんところは、貴賤を論ぜず、海人・漁人がとまやまでも、みなこれ予が遺跡なるべしとぞおおせられける。

【御遺跡の事につき法蓮房に示されける御詞・昭法全七二二】

第七章　阿弥陀仏とともに——大いなる功徳

146

第一節　光はあまねく

*天台宗のある僧侶が法然上人に尋ねました。（中略）

「*浄土門では、*十悪や*五逆といった重罪を犯すような*凡夫であっても、*善知識の教えを受け、わずか一遍や十遍でも口に念仏を称えれば、たちまちに浄土往生という利益を得、瞬く間に無生法忍というさとりの境地に達するといいますが、甚だ不審に思います。そもそも、南無阿弥陀仏の六字の名号の中にどれほどの*功徳が込められていて、あらゆる修行にも勝る、そうした不思議な霊験を具えているというのでしょうか」。

これに対し法然上人がお答えになりました。

「阿弥陀さまがまだ*法蔵菩薩として修行されていた時代、すべての衆生に代わって、計り知れないほど永い歳月をかけ、万行にも値する六波羅蜜をはじめ、ありとあらゆる行を修め、その功徳を余すところなく六字の名号に込められたのです。ですから、あらゆる行、あらゆる善根、過去・現在・未来のすべての仏さまが具えられた功徳の中、六字の名号から漏れ落ちたものはないのです。そこでこうした称名念仏を『極善最上の法』とも名づけるのです。*恵心僧都（源信）が、『修行という原因とその結果としての功徳、自らのさとりを目指すはたらきと他者へ利益をもたらすはたらき、阿弥陀仏自身の内に体得されたすべてのさとりと外に顕現する衆生救済のはたらきかけ、極楽浄土の荘厳と阿弥陀仏のお姿、数限りない広大な教え、あらゆる世界に在す過去・現在・未来の諸仏の功徳、これらが皆ことごとく六字の中に込められている。それ故、称名念仏の功徳は尽きることがない』と解釈されているのも、そうしたことを説いているのです。

阿弥陀さまは『私は、南無阿弥陀仏の名号を称えて極楽に生まれたいと願う者を、*菩薩と共に迎えに行き浄土へ導き救うことを誓おう。この誓いが成就しなければ、たとえ衆生と共に*地獄に堕ちようとも決して仏とはならない』というお誓いをはじめ、合わせて四十八とおりの誓願を建てられました。そしてそれらが皆すでに成就し、阿弥陀という名の仏さまとなられてから十*劫という永い時を経ています。ですから、救いようもない極悪の罪人であっても、この名号を称えればあらゆる修行、あらゆる善根の功徳を得て、阿弥陀さまはその本*

願どおりにお迎えくださるのです。こうしたわけですから、本願の不思議な力によってたちまちに浄土に往生が叶い、なおかつ瞬く間に無生法忍というさとりの境地に達することに何の疑いがありましょう。一遍称えただけでもこの上ない功徳がいただける名号なのですから、一遍や十遍では功徳が少ないなどと決して考えてはなりません」。

> 或る天台宗の人問い奉りて云わく、（中略）浄土門に十悪五逆をつくる罪悪の凡夫なれども、知識の教えをうけて、纔に一念十念の口称念仏によりて忽ちに報土得生の益を得て、刹那の間にたやすく無生忍の位に叶うといえる事、大いに不審にて候。抑六字の名号にていかなる功力の候えば、万行にこえてかかる不思議の奇特をば備え候やらんと。
> 上人答え給わく、弥陀因位の時、一切衆生に代わりて、兆載永劫の間、六度万行、諸波羅蜜の一切の行を修して、其の功徳を悉く六字の名号に納められたる間、万行万善諸波羅蜜、三世十方の諸仏の功徳の、六字の名号にもれたるはなし。故に是れを極善最上の法とも名づく。されば恵心僧都の、❶因行果徳、自利利他、内証外用、依報正報、恒沙塵数、無辺法門、

十方三世、諸仏功徳、皆悉く六字の中に摂在せり、是の故に称名、功徳無尽なりと判じ給えるは此の心なり。弥陀の本願に、❷此の名号を唱えて極楽に生まれんと願わん衆生をば、聖衆とともに来たりて迎接すべし。此の願若し成就すまじくは、衆生とともに地獄に堕すとも仏にはならじと。四十八のちかい事を立て給いしに、此の願已に成就する故に、成仏し給いて十劫以来なり。故に極悪最下の罪人も、此の名号を唱うれば、万行万善の功徳を得、因位の本願にこたえて迎接し給わん。故に本願不思議の力にて、須臾の間に*報土に生じて、刹那の程に無生の悟りをひらかん事、なにの疑いかあるべきや。一念に無上の功徳を得る名号なり、更に一念十念の功少なしとは思うべからずとぞ仰せられける。

【天台宗の人との問答・昭法全七一九】

❶伝恵心僧都作『念仏略記』中の文と考えられるが現存しない。舜昌作『述懐鈔』（続浄全九・一〇六下）に該当部分が引用されている。

❷『無量寿経』巻上　浄全一・七／聖典一・二八

お尋ねします。阿弥陀さまから放たれる救いの光明は、ひとたび照らしたならば常にその人を照らして消え去ることはない、と言う人がいますが、それは本当でしょうか。

お答えします。それは大きな誤りです。お念仏を称えるからこそ照らしてくださる光なのですから、日々のお念仏を止めてしまっては、阿弥陀さまは何をたよりに照らすことができるというのでしょう。もし、その人の言っていることが本当だとすれば、ただ一遍のお念仏で往生が約束されることとなりますから、わずかその一遍のお念仏を称えない人などいるものでしょうか。しかし実際には、往生が叶う人は少なく、叶わない人は多いのです。この現実を誰が疑うというのでしょう。


問う。摂取の光明は、一度てらしては、いつも不退なると申す人の候は、一定にて候か。

答う。この事おおきなるひが事なり。念仏のゆえにこそてらすひかりの、念仏退転してのちは、なにものをたよりにててらすべきぞ。さようにてあるならば、念仏一遍申さぬものやはある、されども往生するものはすくなく、せざるものはおおき事、現証たれかうたがわん。

【東大寺十問答・昭法全六四六】

148

ある人が法然上人に尋ねました。「阿弥陀さまの救いの*光明にあずかれるのは常平生の時か、臨終の時か、いずれでしょうか」。

すると上人は次のようにお答えになりました。「常平生の時からです。それは次のようなわけです。往生を願う心に偽りがなく、こんな我が身ですら往生が叶うということを疑わずに阿弥陀さまの来迎を待ち望んでいる人は、*三心が具わったお念仏を称えている人なのです。三心を具えれば必ず極楽に往生する、ということが『観無量寿経』に説かれており、そうした思いでいる人を、阿弥陀さまは限りない光明を放って照らしてくださいます。常平生の時に照らし始めて、*最後臨終にいたる時まで決してお見捨てにはなりません。ですから、(阿弥陀さまの本願は)お念仏を称える者をお見捨てにならないご誓約、といわれているのです」。

問うていわく。摂取の益をこうぶる事は、平生か臨終か、いかん。
答えていわく。平生の時なり。そのゆえは、往生の心ま事にて、わが身をうたごう事なくて、来迎をまつ人は、これ三心具足の念仏申す人なり。こ❶の三心具足しぬればかならず極楽にうまるという事は観経の説なり。かかる心ざしある人を、阿弥陀仏は八万四千の光明をはなちててらし給うなり。平生の時てらしはじめて、最後まですて給わぬなり。かるがゆえに不捨の誓約と申し候なり。

【念仏往生要義抄・昭法全六八七】

❶『観無量寿経』 浄全一・四六／聖典一・一七六

149

お念仏の行者は、自らを「悪業を重ねて罪深く、迷いの世界をさまよい続ける*凡夫である」と省みているので、自分の能力をたよりにすることなく、ただ阿弥陀さまの*本願の力にその身をゆだねて往生しようと願うようになるものです。ですから、人の心を惑わして妨害しようとする悪魔（魔縁）が忍び寄る余地はありません。心を静めて仏の*智慧を体得しようとする人でさえ、（仏の世界に至らぬ限りは）なお九種の障害（魔事）があるといいます。ただ一つ、阿弥陀さまがなさることにはそもそも魔事など及びません。なぜならそれは、本願を成就された阿弥陀さまが清らかであるから、と言われます。仏さまをたぶらかすほどの魔縁などありませんから、お念仏を称える人を妨げることなどあり得ません。（阿弥陀さまの本願という）他力をたよりとしますから、（往生極楽が叶うのは、たとえば）百丈（一丈は約三メートル）もあるような巨大な石でも、船に乗せれば果てしない大海を渡り切ることができるようなものです。また、お念仏の行者の眼の前には、阿弥陀さまや観音菩薩が常においでになり、*二十五の菩薩が百重にも千重にも行者を守ってくださるので、魔縁が忍び込んでくる余地などないのです。

> 念仏の行者は、身をば罪悪*生死の凡夫とおもえば、自力をたのむ事なくして、ただ弥陀の願力にのりて往生せんとねごうに、魔縁たよりをうる事なし。観慧をこらす人にも、なお*九境の魔事ありという。弥陀の一事には、もとより魔事なし、果人清浄なるがゆえにといえり。仏をたぶろかす魔縁なければ、念仏のものをばさまたぐべからず、他力をたのむによるがゆえに、百丈の石をふねにおきつれば、万里の大海をすぐというがごとし。

または❶念仏の行者のまえには、弥陀・観音つねにきたりたもう。二十五の菩薩、百重千重護念したもうに、たよりをうべからず。

【要義問答・昭法全六三〇】

❶『往生礼讃』浄全四・三七五下

150

ある人が法然上人に尋ねました。「尊い僧侶が称えるお念仏と、俗世にある者が称えるお念仏とでは、その*功徳の勝劣はいかがでしょうか」。すると上人は次のようにお答えになりました。「尊い僧侶が称えるお念仏も、俗世にまみれている者が称えるお念仏も、往生を叶えるという功徳は等しく、まったく相違ありません」。

問うていわく。聖人の申す念仏と、在家のものの申す念仏と、勝劣いかん。答えていわく。聖人の念仏と、世間者の念仏と、功徳ひとしくして、まったくかわりめあるべからず。

【念仏往生要義抄・昭法全六八三】

151

ある人が法然上人に尋ねました。「心が澄みわたっている時に称えるお念仏と、心が妄念で濁っているときに称えるお念仏とでは、その*功徳の勝劣はいかがでしょう」。

すると上人は次のようにお答えになりました。「どちらのお念仏でも、その功徳は等しく、まったく相違はありません」。

問うていわく。心のすむ時の念仏と、妄心の中の念仏と、その勝劣いかん。

答えていわく。その功徳ひとしくして、あえて差別なし。

【念仏往生要義抄・昭法全六八五】

152

ある人が法然上人に尋ねました。「一遍のお念仏と十遍のお念仏とでは、その*功徳の勝劣はいかがでしょう」。

それに対し上人は次のようにお答えになりました。「まったく同じです。（中略）一遍でよいとか十遍でよいと説かれているのは、臨終を迎えた人に対してのことです。臨終の際、一遍お念仏を称えても往生し、十遍称えても往生するということです。等しく往生するのですから、どちらの功徳が劣っているなどと言えましょうか。阿弥陀さまの第十八念仏往生の*本願に『もし、私（*法蔵菩薩）が仏となった時、あらゆる世界の衆生が、嘘偽りなく心の奥底からわが浄土に往生したいと願い、念仏を称えること、たとえわずか十遍であったとしても、もし往生が叶わなければ私は仏とならない』と誓われています。この願文の本意は、『私（法蔵菩薩）が成仏した暁には、あらゆる世界の衆生が我が極楽浄土に往生したいと願い、たとえ十遍や一遍であろうとも、南無阿弥陀仏と称えたならば、その者を迎え摂ろう、もしそれができなければ決して仏とはならない』と誓われたということです。ですから、お念仏の数の多少を論ずる必要はなく、往生を遂げるという利益は等しいのです。このことは阿弥陀さまの本願の文によって明白です」。

問うていわく。一声の念仏と、十声の念仏と、功徳の勝劣いかん。
答えていわく。ただおなじ事なり。（中略）一声十声と申す事は最後の時の事なり。死する時一声申すものも往生す、十声申すものも往生すという事なり。往生だにもひとしくば、功徳なんぞ劣ならん。本願の文に、❶設し我れ仏を得たらんに、十方の衆生、至心に信楽して、我が国に生ぜんと欲して、乃至十念せんに、若しぜずんば正覚を取らじ。この文の心は、法蔵比丘、われほとけになりたらん時、十方の衆生、極楽にうまれんとおもいて、南無阿弥陀仏と、もしは十声、もしは一声申さん衆生をむかえずば、ほとけにならじとちかい給う。かるがゆえにかずの多少を論ぜず、往生の得分はおなじきなり。本願の文顕然なり。【念仏往生要義抄・昭法全六八六】

❶『無量寿経』巻上　浄全一・七／聖典一・二八

ある人が法然上人に尋ねました。「智慧ある者が称えるお念仏と、智慧なき者が称えるお念仏とでは、その功徳に差はないものでしょうか」。すると上人は次のようにお答えになりました。「阿弥陀さまの本願に適っているという点からすれば少しの差もありません。なぜなら、阿弥陀さまが仏を目指して修行されていたその昔、『あらゆる世界の衆生がわが名号を称えれば、たとえそれがわずか十遍であっても極楽に迎え摂ろう』との誓いを建てられたのは、智慧ある者を選び取り、智慧なき者は見捨ててしまおうというわけではないからです。ですから法照禅師は『五会法事讃』の中で『仏法をよく聞く者だから、清らかに戒をたもつ者だから、あるいは、戒を破る者だから、罪深き者だから、といったふるいにかけることなく、ただ心を極楽に向けて念仏を多く称えれば、瓦礫にも似た凡夫であってもそのままに往生を遂げさせ、金のごとき菩薩の姿にならしめよう』と阿弥陀さまの本願を解釈されたのです。この文の意味は『智慧ある者もなき者も、戒を守れる者も守れない者も、ただお念仏さえ称えるならば、誰でも往生が叶う』ということです。これを心に刻み込み、わが身の善し悪しにとらわれることなく、阿弥陀さまの第十八念仏往生の本願を頼りとしてお念仏を称えるべきなのです。今生において輪廻の絆から解き放たれるには、お念仏より勝れたものはありません」。

問うていわく。智者の念仏と愚者の念仏といずれも差別なしや。

答えていわく。仏の本願にとづかば、すこしの差別もなし。そのゆえは、阿弥陀ほとけになり給わざりしむかし、❶十方の衆生わが名をとなえば、乃至十声までもむかえんと、ちかいをたて給いけるは、智者をえらび、愚者をすてんとにはあらず。されば五会法事讃にいわく、❷多聞と浄戒を持つとを簡ばず、破戒と罪根の深きとを簡ばず、但廻心して多く念仏せしむれば、よく瓦礫をして変じて金と成さしむ。この文の心は、智者も愚者も、持戒も破戒も、ただ念仏申さば、みな往生すという事なり。この心に住して、わが身の善悪をかえり見ず、仏の本願をたのみて念仏申すべきなり。このたび輪廻のきずなをはなるる事、念仏にすぎたる事はあるべからず。

【念仏往生要義抄・昭法全六八七】

❶『無量寿経』巻上　浄全一・七／聖典一・二八
❷『五会法事讃』本　浄全六・六八六上

第二節　いまわの時に

建暦二年（一二一二）正月二日の午後八時ごろ、病床にある法然上人の傍らで見守っていた人々が、本当に往生されるのかどうかを尋ねたところ、上人は「極楽はもともと私がおりましたところですから、必ず極楽に帰り往くのです」とおっしゃいました。

建暦二年壬申正月三日戌の時病床の傍らなる人々、御往生の実不を問い奉りければ、（中略）我れもと居せし所なれば、さだめて極楽へ帰り行くべしと仰せられけれ。

【御臨終の時門弟等に示されける御詞　其一・昭法全七二三】

155

（建暦二年正月）十一日の朝八時頃、（病床にあった）法然上人は傍らの弟子たちに次のようにお話しになりました。「声に出してしっかりとお念仏を称えなさい。阿弥陀さまの名号を称える者は、一人も漏れることなく往生するのです」。このように声に出してお念仏を称えるようお勧めになり、その*功徳をさまざまにたたえられると、観音・勢至をはじめとする*菩薩方が上人の目の前にお出ましになりました。上人は「弟子たちよ、拝し奉らないのか」とおっしゃいましたが、（弟子たちには見えていないので）拝することができない旨を申し述べると、もっとお念仏を称えるよう重ねてお勧めになりました。

十一日辰の時（中略）門弟等に告げて曰く、高声に念仏すべし、此の名号を唱うるもの、一人もむなしからず、皆往生すべきなり。高声念仏を勧めて、念仏の功徳を種々に讃嘆し給いて、観音・勢至等の菩薩聖衆現前し玉えり。各々拝し奉らずやと仰せられけるに、弟子等拝せざるよしを申せば、いよいよ念仏を勧め給う。

【御臨終の時門弟等に示されける御詞　其二・昭法全七二三】

（病床にあった法然上人は傍らの弟子たちに次のようにおっしゃいました）「永年称えてきたお念仏の功徳が積もり、ここ十数年来、極楽のありさまや阿弥陀仏・諸菩薩のお姿を間近に拝するのは日常のことでしたが、これまではそれを誰にも話したことはありません。今、最期を迎えたからこそうち明けるのです」。

157

凡そ十余年より已来、念仏の功積もりて、極楽の荘厳および仏・菩薩の真身拝する事常の事なり。然るに年来は秘していわず。今、最後に望める故に示す所なり。【御臨終の時門弟等に示されける御詞　其三・昭法全七二四】

(臨終が差し迫った法然上人に)弟子たちが、阿弥陀仏像の手に結ばれている*五色の糸を握るように勧めましたが、上人はこれを手にはされませんでした。上人は「こうしたことは、(死に際して特別な作法を望んだ)一般の方がなさってきた作法です。私は必ずしもそのようなことをしなくてもいいのです」とおっしゃって、ついにその糸を握られることはありませんでした。

弟子等、仏の御手に五色の糸をつけてすすむれば、これをとり給わず。上人の給わく、此くの如きのことは是れつねの人の儀式なり。我が身においてはいまだかならずしもといいて、ついにこれをとり給わず。

【御臨終の時門弟等に示されける御詞　其四・昭法全七二五】

158

（建暦二年正月）二十日の午前十時ごろ、弟子たちが上人に申し上げました。「この建物の上に、紫の雲が立ちのぼってきました。御往生はいよいよお近いのでしょうか」。するとそれをお聞きになった上人が、「ああ、なんともうれしいことよ。（そうした奇瑞があらわれるのも）ひとえに私の往生が、すべての人々にお念仏の功徳を信じてもらうためのことです」とおっしゃいました。

> 廿日巳の時（中略）弟子申さく、このうえに紫雲まさにつらなれり。往生のちかづき給えるかと、上人きてての給わく、あわれなるかな、あわれなるかな、わが往生はただ一切衆生をして、念仏を信ぜしめんがためなりと。
>
> 【御臨終の時門弟等に示されける御詞　其五・昭法全七二五】

159

（建暦二年正月）二十五日の正午ごろ、法然上人は長年所持されてきた慈覚大師（円仁）の九条のお袈裟をお着けになり、頭を北に、顔を西に向けて横になられました。弟子たちが「たった今まで行儀正しく座ってお念仏をお称えになっておられましたのに、いよいよ臨終を迎えて横になるというのはいかがされたのでしょうか」と申し上げると、上人は微笑みながらおっしゃいました。「今、そのわけを話しましょう。そなたたち、よく尋ねてくれた。私がこの身を娑婆に宿したのは、浄土往生のための道を説き明かすためでした。今、魂を極楽浄土へと帰すのは、往生する実際の手本を示すためなのです。もし私が座ったまま往生したならば、皆が必ずそれに学ぼうとするのではないでしょうか。もしそうであるなら、病の身を起こすのは容易でないばかりか、おそらく往生を願う気持ちなどどこかへ行ってしまうでしょう。だから、私は今、横になったのであって、座れないわけではないのです。わが仏教の開祖、お釈迦さまも、やはり＊頭北面西でご入滅なされましたが、それもまた衆生の手本とするためだったのです。どうして私がお釈迦さまより勝れた手本を示せましょうか」。

廿五日の午の刻（中略）年来所持の慈覚大師の九条の袈裟を著し、頭北面西にふし給う。門弟等申して曰く、只今まで端座念仏し給えるに、命終の時に至りて臥し給う事いかが。

上人微笑して曰く、我れ今此の故を述べんと思う。汝等よく問えり、われ身を娑婆に宿す事は、浄土の経路をひらかんがため、今、神を極楽にかえす事は、往生の軌心をしめさんがためなり。我もし端座せば人定めて是れを学ばんか。若し然らば病の身、起居輒からじ、おそらくは正念を失いてん。此の義をもっての故に、我れ今平臥せり。端座叶わざるにあらず。本師釈尊すでに頭北面西にして滅を唱え給う、是れまた衆生のためなり。我れいかでか釈尊にまさるべきと。

【御臨終の時門弟等に示されける御詞　其七・昭法全七二五】

第三節　滅罪、来迎の功徳

160

ある人が法然上人に尋ねました。「俗世を捨てて隠遁した人が、ただひとすじにお念仏を称えれば往生も得やすいことでしょう。しかし、この私のような身では、朝に夕に営むことはすべて名声のためであり、昨日も今日も思うことは自分の利益になることばかりです。こんな身で称えるお念仏が、どうして阿弥陀さまのみ心に適いましょうか」。

それに対し、法然上人は次のように答えました。「(中略) 人の心はつねにそうした名誉欲や財欲に染まって濁った水のようですが、お念仏という、(濁水を清浄な水に変える) 宝珠を投げ入れれば、心という水は自ずと清らかになるのです。往生が叶うのもそのお念仏の力によるのです。まず自身の心を静め、こうした欲望による罪の障りを除いてからお念仏しなさい、というわけではありません。ただつねにお念仏を称えて、その罪を滅しなさい」。

問うていわく、世をそむきたる人は、ひとすじに念仏すれば往生もえやすき事なり。かようの身には、あしたにもゆうべにもいとなむ事は名聞、昨日も今日もおもう事は利養なり。かようの身にて申さん念仏は、いかが仏の御心にもかないい候べきや。

答えていわく。(中略) 衆生の心はつねに名利にそみて、にごれるかの水

161

のごとくなれども、念仏の*摩尼珠を投ぐれば、心の水おのずからきよくなりて、往生をうる事は念仏のちからなり。わが心をしずめ、このさわりをのぞきてのち、念仏せよとにはあらず。ただつねに念仏して、そのつみをば滅すべし。【十二箇條の問答・昭法全六七四】

お尋ねします。阿弥陀さまの御名を称えることによって、どれほどの罪が滅せられるのでしょうか。

お答えします。「念仏を一遍称えれば、こののち八十億*劫という途方もなく長い時間にわたって迷いの世界を経巡らねばならないほどの重い罪の報いが除かれ、滅せられる」と言われ、さらにまた「阿弥陀仏、観音菩薩、勢至菩薩の名を聞くだけでも、永遠に生き死にを繰り返さなければならないほどの罪の報いが除かれる」と言われております。

問う。阿弥陀仏を念ずるに、いかばかりの罪をか滅し候。

答う。❶一念によく八十億劫の*生死の罪を滅しといい、また但、❷仏の名、

二*菩薩の名を聞くすら無量劫の生死の罪を除く、など申し候。【要義問答・昭法全六三二】

264

❶『観無量寿経』浄全一・四九／聖典一・一八六
❷『観無量寿経』浄全一・五一／聖典一・一九三

罪の障りが重いからこそ、それを除くためにお念仏を勧めるのです。自分などは罪の深い者なのだから「お念仏をしたところで往生が叶うはずもない」などと疑ってはなりません。たとえば、病気が重ければ薬を服用するようなものです。「重い病気だから薬など効くはずがない」と服用しなければ、その病気はいつ治るでしょうか。経典には「たとえ*十悪や*五逆といった重い罪を犯してしまった者でも、*善知識の導きにより、わずか一遍や十遍のお念仏でも往生は叶う」と説かれています。さらに*善導大師は「ひとたびお念仏を称えれば、遥かな過去世から積み重ねてきた罪の障りが即座に除かれる」とおっしゃっています。

罪障のおもければこそ、罪障を滅せんがために、念仏をばつとむれ、罪障おもければ、念仏すとも往生すべからずとはうたごうべからず。たとえばやまいおもければ、くすりをもちいるがごとし。やまいおもければとて、くすりをもちいずば、そのやまいいつかいえん。❶十悪五逆をつくれる物も、知識のおしえによりて、一念十念するに往生すととけり。善導は、❷一声称念するに、すなわち多劫のつみをのぞくとのたまえり。

【念仏往生義・昭法全六八九】

❶『観無量寿経』浄全一・五〇／聖典一・一九〇
❷『往生礼讃』浄全四・三七五下

163

むやみに（阿弥陀さま以外の）仏さまや神さまに祈るよりも、いちずに阿弥陀さまにおすがりして心に裏表がなければ、阿弥陀さまは極楽往生のためとはならない行をも往生の行へと転じてくださり、必ず往生が叶うお念仏の行を修める人ならばなおのこと来迎してくださるのです。はかない現世での利益を祈り、何よりも大事な後生のことを忘れてしまうのは、決して本意ではありません。（阿弥陀さまは）後生のためにはお念仏を正しく往生が定まった行とされたのですから、それをさしおいて他の行を修めるべきではありません。だからこそ、ひたすらお念仏を勤めなさいとお勧めしているのです。

いたずらに仏神にいのらんよりも、一すじに弥陀をたのみて二心なければ、不定業をば弥陀も転じ給えり、決定業をば来迎し給うべし。無益のこの世をいのらんとて大事の後世をわするる事は、さらに本意にあらず、後世のために念仏を正定の業とすれば、これをさしおきて余の行を修すべきにあらざれば、一向専念なれとはすすむるなり。【念仏往生義・昭法全六九二】

164

お念仏にはいかなる形式も必要としません。ただ、常にお念仏を称えていれば、臨終には必ず阿弥陀さまが来迎してくださり、極楽浄土へ往生できるのです。

念仏はようなきをようとす。ただつねに念仏すれば、臨終にはかならず仏きたりてむかえて、極楽にはまいるなり。

165

【沙弥随蓮に示されける御詞　其一・昭法全七一〇】

（→類似法語・②157参照）

お尋ねします。臨終に際してお迎えに来てくださるのは、＊報仏でいらっしゃるのでしょうか。

お答えします。お念仏を称えて往生する人は、報仏のお迎えにあずかります。お念仏以外の雑多な行を修めて叶う往生は、きまって＊化仏のお迎えにあずかるのです。お念仏を称えている人であっても、他の行をまじえて修めたり、少しでも念仏往生に疑いの心を抱く人は、化仏がお迎えに来られるのを仰ぎ見て、その陰に自分から報仏を隠してしまうようなものなのです。

問う。臨終来迎は、報仏にておわしまし候か。

答う。念仏往生の人は、報仏の迎えにあずかる。雑行の人々の往生するは、かならず化仏の来迎にて候なり。念仏もあるいは余行をまじえ、あるいは疑心をいささかもまじうる者は、化仏の来迎を見て、仏をかくしたてまつるものなり。

【東大寺十問答・昭法全六四七】

166

阿弥陀さまが、巧妙かつ不思議なお力によって、極悪で罪深い衆生を浄土に救い導いてくださることを決して疑ってはなりません。阿弥陀さまには、必ず衆生を救い導こうと誓われた来迎引接の願があり、私たちには往生したいという志があるのです。どうして往生が遂げられないことなどありましょうか。

弥陀如来の善巧不思議の力にて、極悪深重の衆生を*報土にむかえとり給うこと、ゆめゆめ疑うべからず。仏に❶引接の願あり、我れに往生の志あり、なんぞ往生を遂げざらんや。

【信心未発の人に三宝祈請をすすむる御詞・昭法全七二二】

❶『無量寿経』巻上　浄全一・七／聖典一・二八

167

生まれてこのかた、女性の姿を目で追ったことがなく、また長い間、酒や肉や魚、*五辛を口にせず、さらには五戒や十戒を厳格に守ってきた尊い僧侶であっても、自分の力で往生を叶えようとの思いでお念仏を称えたならば、阿弥陀さまの来迎にあずかれるのは、千人に一人、あるいは万人に一、二人もいないでしょう。*善導大師に至っては「千人に一人もいない」と仰せなのですから、どうして自力で往生できる者がいるなどと言えましょうか。そもそも阿弥陀さまの*本願に誓われたお念仏には、かしこまった形式もいらず、心を澄みわたらせて称えよというわけでもなく、煩悩にまみれた身を清めよというわけでもありません。寝ても醒めても、「ただひたすらにお名号を称える人の臨終には必ず来迎してくださるのだから」という心持ちでお念仏を称えれば、命尽きる時には阿弥陀さまの来迎にあずかることに疑いなどありません。

うまれてよりこのかた女人を目に見ず、酒肉五辛ながく断じて、五戒十戒等かたくたもちて、やん事なき聖人も、自力の心に住して念仏申さんにおきては、仏の来迎にあずからんこと、千人が一人、万人が一二人なんどや候わんずらん。それも善導和尚は、❶千中無一とおおせられて候えば、いかがあるべく候らんとおぼえ候。およそ阿弥陀仏の本願と申す事は、ようもなくわが心をすませとにもあらず、*不浄の身をきよめよとにもあらず、ただねてもさめても、ひとすじに御名をとなうる人をば、臨終にはかならずきたりてむかえ給うなるものをという心に住して申せば、一期のおわりには、仏の来迎にあずからん事うたがいあるべからず。

【念仏往生要義抄・昭法全六八四】

❶『往生礼讃』浄全四・三五七上

第四節　浄土に生まれて

168 *善導大師は、『無量寿経』に説かれる*第十八念仏往生願の文について「もし、私が仏となった暁には、あらゆる世界の衆生が、我が浄土に生まれたいと願って我が名を称えること、たとえわずか十遍であったとしても、私の*本願の力によって往生せしめよう。それが叶わないようならば私は仏とはならない。（そう誓われた法蔵菩薩は）今、現に阿弥陀仏として成仏されている。まさに知るがよい、成仏を志して誓われた慈悲深い願は確かに叶えられていることを。衆生が念仏すれば必ず往生は叶うのである」と解釈されています。一刻も早く極楽浄土に往生なされて、阿弥陀さま、観音菩薩を師匠とし、『法華経』に説く「あらゆる存在や事象のありのままの相を平等に観ずる」との妙なる理法、『般若経』に説かれる「すべては空である」とする第一義空の教え、真言 密教で説かれる「この身このままで仏となる」教えなど、すべての教法を自在におさとりなさい。

本願の文を、善導釈してのたまわく、❶❷もし我れ成仏せんに、十方の衆生、我が国に生ぜんと願じて、我が名号を称して下十声に至るまで、我が願力に乗じて、もし生ぜずんば正覚を取らじ。彼の仏、今現に在まして成仏したまえり、まさに知るべし、本誓の重願虚しからず、衆生称念すれば必ず往生を得、とおおせられて候。とくとく安楽の浄土に往生せさせおわしまして、弥陀・観音を師として、法華の真如実相平等の妙理、般若の第一義空、真言の即身成仏、一切の聖教、こころのままにさとらせおわし

272 ますべし。

【要義問答・昭法全六三二】

❶『無量寿経』巻上　浄全一・七／聖典一・二八
❷『往生礼讃』浄全四・三七六上

阿弥陀さまの来迎にあずかり、観音菩薩や勢至菩薩が携えている金色の蓮台に乗り、数え切れないほどの*化仏や聖者に周りを囲まれて、瞬時にこの上ないさとりの浄土に往生するのです。その時、心の迷いである*三惑は即座に断たれ、*生死の迷いを永久に除き、長き暗闇の夜が明け、さとりの月が正に円かに照り輝くのです。*四智が円かに明るく照らす春には*三十二相を具えた花が色鮮やかに輝き、*三身が一身におさまった秋の空には*八十種好の月が清く澄みわたるのです。浄土に往生した者の位は、妙なるさとりの境地・高貴な位であり、*菩薩の修行の最終段階で仏となるべき資格を授かる儀式で*四大海の水をそそがれる灌頂の法王であります。その形はみ仏の功徳が円満に具わった形であり、さとりにおける三種の特質が顕れ出た尊い姿であり、尽きることのない快い楽しみの中に身を置くことが、どうして悦びでないことなどありましょうか。決してお念仏を怠ってはいけません。三悪道の迷いの世界に堕ち込んで多くの苦しみを受けるよりも、誰にでもたやすいお念仏を称えて浄土での幸福を手にするべきでありましょう。

> 弥陀如来の御迎えにあずかり、観音、大勢至の金蓮に乗じ、無数の化仏、無量の聖衆に囲繞せられ奉りて須臾の間に、無漏の報土に往生する時、三惑頓につき、二死永く除き、長夜ここにあけ、覚月正に円なり。四智円明の春の花には三十二相の色あざやかにひらけ、三身即一の秋の空には八十種好の月清くすめる。位は妙覚高貴の位、四海灌頂の法王なり。形は仏果円満の形、三点法性の聖容にして、無辺の快楽にほこらん事は、豈に悦びにあらずや。努々念仏に物うかるべからず。悪道に堕ちて万の苦をうけんよりは、やすき念仏を申して楽を得べき物なり。
>
> 【女人往生の旨を尼女房に示されける御詞・昭法全七〇七】

生きている間はお念仏を称えてその功徳が積もり、命尽きた時には浄土へ往生する、このことを疑わないようにしなさい。「いずれにしてもこの身には、思い悩むことなどないのだ」と心得、一途にお念仏を称えて臨終をお待ちなさい。

いけらば念仏の功つもり、しなば往生うたがわず。とてもかくても、此の身にはおもいわずろう事ぞなきと心得て、ねんごろに念仏して畢命を期とせよ。

【禅勝房に示されける御詞　其二・昭法全六九六】

（→類似法語・②206参照）

第八章　『百四十五箇條問答』（抄）

171 古いお堂や仏塔を修理したならば、お香や花、供物、灯明などを奉げてご供養すべきでしょうか。

お答えします。必ず供養しなければならないということではありません。供養するのは*功徳のあることですが、また、供養して悪いということでもありません。供養しないからといって罪になったり、悪いというわけではありません。

ふるき堂塔を修理して候わんをば、供養し候べきか。
答う。かならず供養すべしという事も候わず、又供養して候わんも、あしき事にも候わず、功徳にて候えば、又供養せねばとてつみをえ、あしき事には候わず。

【百四十五箇條問答（一）・昭法全六四七】

172 仏像を開眼することと供養することとは同じなのでしょうか。

お答えします。開眼と供養とは本来別のことのはずですが、それを同じこととみなしているのです。開眼とは、もともとは仏師が仏像の眼に筆を入れ眼の開いたお姿にすることをいい、これを「事の開眼」と言っております。そのあとで、僧侶が「仏眼呪（ぶつげんじゅ）」という真言（しんごん）を呪（じゅ）して仏像の眼を開き、大日如来（だいにち）の徳を顕（あらわ）す真言を呪して仏さまが具えるあらゆる*功徳（くどく）を込めることを「理（り）の開眼」というのです。そして供養とは、仏さまに花や香、供物や灯明など、さらにはその他の宝物を奉げることをいうのです。

ほとけの開眼と供養とは、一つ事にて候か。
答う。開眼と供養とは、別の事にて候べきを、おなじ事にしあいて候なり。開眼と申すは、本体は仏師がまなこをいれひらきまいらせ候を申し候なり。これをば事の開眼と申し候なり。つぎに僧の*仏眼の真言をもって、まなこをひらき、*大日の真言をもって、ほとけの一切の功徳を成就（じょうじゅ）し候をば、理の開眼と申し候なり。つぎに供養というは、ほとけに花香仏供（けこうぶっく）、御（お）あかしなんどをもまいらせ、さらぬたからをもまいらせ候を供養とは申し候なり。

【百四十五箇條問答（二）・昭法全六四八】

『*真如観（しんにょかん）』に説かれる、心を静めてすべての存在がそのままで真理であると体得する行を修めるべきでしょうか。

お答えします。これは、恵心僧都（源信）が説かれたとのことですが、感心できない教えです。およそ『真如観』に説かれる行は私たち衆生になし得るものではありませんし、往生のために必要なものとも思われませんから、無益なことです。

この❶真如観はし候べき事にて候か。

答う。これは恵心のと申して候えども、わろき物にて候なり。おおかた真如観をば、われら衆生は、えせぬ事にて候ぞ、往生のためにもおもわれぬことにて候えば、無益に候。

【百四十五箇條問答（三）・昭法全六四八】

❶恵心僧都全集一・四五一以下収載

174

ここの文鎮を置いて開いた箇所を見ると、（『真如観』の意図するところは）「何事もむなしいものと体得しなさい」ということのようです。いわゆる「空観」とは、このことでしょうか。だとすれば、「体得すべきは、たとえばこの世のことに執着してはならない」と教えているように思われます。以上のことについて、おおよそのことをお示しいただこうと思って参りました。

お答えします。それらは総じて「*理観」といい、心を静め、無念無想のまま真理を体得する行ですから、とても私たちに出来るものではありません。(中略)往生を願う上にはそうしたお尋ね自体、無益なことです。

> これに計算して候ところは、何事もむなしと観ぜよと申して候。空観と申し候は、これにて候な。されば観じ候べきようは、たとえばこの世のことを執着して思うまじきとおしえて候と見えて候えば、おおよう御らんのためにまいらせ候。
>
> 答う。これはみな理観とてかなわぬ事にて候なり。(中略)御たずねまでも無益に候。
>
> 【百四十五箇條問答(四)・昭法全六四八】

たとえ優れた師僧ではなくても、師をないがしろにしたならば、いくら学ぼうともその者に仏さまのご加護はない、というのは本当でしょうか。

お答えします。師僧のことはないがしろにしてはなりません。さまざまな恩の中で、師僧の恩にまさるものはありません。

一文の師をもおろそかに申し候えば、習いたる物の冥加なしと申し候は、まことにて候か。

答う。師の事はおろそかならず候。恩の中にふかき事これにすぎ候わず。

【百四十五箇條問答（六）・昭法全六四九】

176

一心に往生を願いさえすれば、心がよく静まらなくとも、また、何かほかに行をしなくとも、お念仏を称えるだけで浄土へ往生できるのでしょうか。

お答えします。心が乱れてしまうのは*凡夫の性であって、どうにも力の及ばないことです。ただ一心に往生を願ってよくお念仏をお称えあそばすならば、そうした妄念などの罪の報いは滅せられ、必ず往生なさります。お念仏さえよく称えれば心に湧き起こる妄念より重い罪の報いでも、消えてなくなるのです。

177

心を一つにして心よくなおり候わずとも、何事をおこない候わずとも、念仏ばかりにて、浄土へはまいり候べきか。

答う。心のみだるるはこれ凡夫の習いにて、ちからおよばぬ事にて候。ただ心を一つにして、よく御念仏せさせ給い候わば、そのつみを滅して、往生せさせ給うべきなり。その妄念よりもおもきつみも、念仏だにし候えばうせ候なり。

【百四十五箇條問答（七）・昭法全六四九】

生まれてまだ百日経たない赤ん坊の*不浄が及んでいる人は、神社仏閣への参拝を慎むべきであるというのはいかがでしょう。

お答えします。「生まれて百日経たない赤ん坊の不浄」ということなど、気にする必要はありません。何であろうと、汚い物が付いているというなら汚いのであって、赤ん坊に限ったことではありますまい。

百日のうちの赤子の不浄かかりたるは、物もうでにはばかりありと申したるは。

答う。百日のうちのあか子の不浄くるしからず、なにもきたなき物のつきて候わんは、きたなくこそ候え、赤子にかぎるまじ。

【百四十五箇條問答（一〇）・昭法全六四九】

*百万遍念仏を百回達成したならば必ず往生する、といわれていますが、寿命が短くてそれが達成できなかったならばどうしたらよいのでしょう。

お答えします。それは間違いです。百万遍念仏を百回しても往生は叶いますし、わずか十遍のお念仏でも、あるいは一遍のお念仏でも往生は叶うのです。

念仏の百万遍、百度申してかならず往生すと申して候に、いのちみじかくてはいかがし候べき。

答う。これもひが事に候。百度申してもし候、十念申してもし候、又一念にてもし候。

【百四十五箇條問答（一一）・昭法全六四九】

179

『阿弥陀経』を十万遍拝読すべきであるといわれているのは、どのように受けとめればよいのでしょう。

お答えします。これも「成し遂げられるならば」という意味でのことです。ただ、経典読誦の勤めをより多く積ませようとの意図でいわれていることです。

阿弥陀経十万巻よみ候べしと申して候は、いかに。

答う。これもよみつべからんにとりての事に候。ただつとめをたかくつみ候わんりょうにて候。

【百四十五箇條問答（一二）・昭法全六五〇】

180

お経を読んだりお念仏を称えるにあたっては、日課として必ずしもその回数を決めなくても、読めるだけ読み、称えられるだけ称えればよろしいのですか。

お答えします。回数を決めないと怠け癖がついてしまいますので、回数は定めた方がよいのです。

日所作は、かならずかずをきわめ候わずとも、よまれんにしたがいてよみ、念仏も申し候べきか。

答う。かずをさだめ候わねば、懈怠になり候えば、かずをさだめたるがよき事にて候。

【百四十五箇條問答（一三）・昭法全六五〇】

（→類似法語・119、119-2、262、②162参照）

181

にら・ねぎ・にんにく・肉などを食べた後、口から臭いが消えないうちでも常にお念仏を称えるべきでしょうか。

お答えします。お念仏を称えることにはいかなる差し障りもありません。

にら、き、ひる、ししをくいて、香うせ候わずとも、つねに念仏は申し候べきやあらん。

答う。念仏はなににもさわらぬ事にて候。

【百四十五箇條問答（一四）・昭法全六五〇】

182

六斎日に、決まりにしたがった食事をとる場合、前もって清浄な生活を送り、身を清め、清潔な服を身につけた上でいただくべきでしょうか。

お答えします。必ずそうしなくともよいでしょう。

六斎に、斎をし候わんには、かねて精進をし、いかけをし、きよき物をきてし候べきか。

答う。かならずさ候わずとも候なん。

【百四十五箇條問答（一五）・昭法全六五〇】

183

一週間、あるいは二週間にわたって薬を服用する間に六斎日にあたってしまったらどうすればよいのでしょうか。

お答えします。致し方ないことです。服用したからといって罪にはなりますまい。

一七日二七日なんど服薬し候わんに、六斎の日にあたりて候わんをば、いかがし候べき。

答う。それちからおよばぬ事にて候。さればとて罪にては候まじ。

【百四十五箇條問答（一六）・昭法全六五〇】

184

*六斎日（ろくさいにち）の勤めは一生続けるべきでしょうか。何年間お勤めすればよいのでしょう。

お答えします。それはあなたの心がけ次第です。どのくらい続けるべきなどということはありません。

六斎は一生すべく候か、なんねんすべく候ぞ。

答う。それも御心によるべき事にて候。いくらすべしと申す事は候（そうら）わず。

【百四十五箇條問答（一七）・昭法全六五〇】

185

お念仏は毎日どれくらいと決めてお称（とな）えすべきでしょうか。

186

お答えします。日々のお念仏の回数は、一万遍から始まって、二万、三万、五万、六万、はては十万遍までのお称えがあります。こうした中からあなたのお心にしたがってお決めになった回数をお称えください。

> 念仏をば、日所作(にっしょさ)にいくらばかりあててか、申し候べき。
> 答う。念仏のかずは、一万遍をはじめにて、二万三万五万六万、乃至十万まで申し候なり。このなかに御心にまかせておぼしめし候(そうら)わん程を、申させおわしますべし。
>
> 【百四十五箇條問答（一八）・昭法全六五〇】

み仏のお名前を書いたり、貴い経文などを書き付けたものを、（書き損じたからといって始末する際）粗末にしないようにとはいえ、焼いてしまうのも罪を犯すことになるので、経文か何かを唱えて焼けばいいというのはどういうものでしょうか。

お答えします。書き損じたものを焼く場合に唱える文句などあるはずもありません。たいていそのような思いは、経文を敬う心の表れなのですから、もし焼くのでしたら清らかなところでなさいますように。

仏の名をもかき、貴き事をもかきて候を、あだにせじとて、やき候は罪のうるに、誦文をしてやくと申し候は、いかが候べき。
答う。さる反故やき候わんに、何條の誦文か候べき。おおかたは法文をば、うやまう事にて候えば、もしやかんなんどせられ候わば、きよきところにてやかせ給うべし。
【百四十五箇條問答（二一）・昭法全六五二】

187

戒律にしたがって食事を摂るお斎は*功徳になるのでしょうか。また、必ずすべきことなのでしょうか。

お答えします。お斎は功徳となります。とりわけ*六斎日のお斎にこそ、功徳があるものです。とはいえ、重い病気になられた時には、お斎をされなくとも、ただお念仏さえよくよく称えれば、その功徳によって生き死にを繰り返すこの迷いの世界を離れ出られます。お浄土に往生させていただけるのもまた、お念仏の功徳によるのです。

188

斎し候は功徳にて候やらん。かならずすべき事にて候やらん。
答う。斎は功徳うる事にて候なり。六斎の御斎ぞさも候いぬべき。又御大事にて御やまいなんどもおこらせおわしましぬべく候わば、さなくとも、ただ御念仏だにもよくよく候わば、それにて*生死をはなれ、浄土にも往生せさせおわしまさんずる事は、これによるべく候。

【百四十五箇條問答（二三）・昭法全六五二】

臨終にあたっては必ずしも仏像を仰ぎ見て、その御手とつながれた*五色の糸を握らなくても、あるいは、自分でお念仏を称えずに、かたわらにいる方が称えるお念仏を聞くだけでも、死後は浄土に往生できるでしょうか。

お答えします。必ず糸を握らなければならないということではありませんし、仏像を拝することがなくとも、お念仏さえ称えれば往生は叶います。また、かたわらにいる方の称えるお念仏を聞くだけでも往生は叶いますが、それは往生を願う心がとりわけ深い方の場合です。

かならずほとけを見、糸をひかえ候わずとも、われ申さずとも、人の中さん念仏をききても、死に候わば浄土には往生し候べきやらん。
答う。かならず*糸をひくという事候わず、ほとけにむかいまいらせねども、念仏だにもすれば往生し候なり。又ききてもし候、それはよくよく信心ふかくての事に候。

【百四十五箇條問答（二六）・昭法全六五二】

189

金輪際、生き死にを繰り返す苦しみのこの世界から離れ、*三界という迷いの世界には二度と生まれまいと願っておりますが、死後、極楽浄土の一員となっても、そこでの縁が尽きてしまえば、再びこの世に生まれ戻るというのは本当でしょうか。たとえ国王の身となったり、あるいは天上界に生まれたとしても、（いずれも三界の身であることに変わりはないのですから）ただただそうした三界から離れたいと願っております。そのためにはどのような行を修めれば再び三界に舞い戻ることがないのでしょうか。

お答えします。そうした理解はすべて誤りです。ひとたび極楽浄土に往生したならば、この世に舞い戻ってくることなど二度とありません。皆そこで仏となるのです。ただし、この世の人びとを極楽へ導くために、あえて還ってくることはあります。けれどもそれは、もはや生き死にを繰り返す迷いの身としてではありません。三界を離れ、極楽に往生するためには、お念仏に勝るつとめはありません。よくよくお念仏を称えるべきです。

ながく生死をはなれ、三界にうまれじとおもい候に、極楽の衆生となりても、又その縁つきぬれば、この世にうまると申し候は、ま事にて候か、たとい国王ともなり、天上にもうまれよ、ただ三界をわかれんとおもい候に、いかにつとめおこないてか、返り候わざるべき。

答う。これもろもろのひが事にて候。極楽へひとたびうまれ候いぬれば、ながくこの世に返る事候わず、みなほとけになる事にて候なり。ただし人をみちびかんためには、ことさらに返る事も候。されども生死にめぐる人にては候わず。三界をはなれ、極楽に往生するには、念仏にすぎたる事は候わぬなり。よくよく御念仏候べきなり。

【百四十五箇條問答（二七）・昭法全六五二】

190

ある女性がお説法（せっぽう）を聴聞（ちょうもん）していた時、「戒律を守ると誓いますか」と尋ねられましたが、守り通せると思えなかったので「誓います」とは答えなかったそうです。これはいかがなものでしょう。お説法を聴聞している場では、その時だけでも「守ると誓います」と答えるのが尊いといわれているのは、本当でしょうか。

お答えします。そのように答えてさしつかえはありません。たとえ、後に戒律を守れないことがあろうと、説法の場では戒律を守ろうと心に誓って、「守ります」と答えるのはよいことなのです。

> 女房の聴聞し候に、戒をたもたせ候をやぶり候（そうら）わんずればとて、たもつとも申し候わぬは、いかが候べき。ただ聴聞のにわにては、一時もたもつと申し候が、めでたき事と申し候は、まことにて候か。
> 答う。これはくるしく候わず、たといのちにやぶれ候とも、その時たもたんとおもう心にて、たもつと申すはよき事にて候。

【百四十五箇條問答（二八）・昭法全六五三】

191

仏前に奉納しておくべき経典を取り出して、誰かに与えてしまうのは罪でしょうか。

お答えします。経典を広めることは功徳（くどく）になります。

ほとけに具（ぐ）する経を、とりはなちて人にもたうは、罪にて候か。

答う。ひろむるは功徳にて候。

【百四十五箇條問答（三二）・昭法全六五三】

192

数巻から成（な）る一つの経典を、一巻ずつ分けて拝読するのは罪でしょうか。

お答えします。罪になるとも思えません。

一部とある経、一巻ずつとりはなちてよまんは、つみにて候か。

答う。つみにても候（そうら）わず。

【百四十五箇條問答（三三）・昭法全六五三】

193
(『*法華経』に説かれる)常不軽菩薩のように、あらゆる人びとを拝むべきでしょうか。
お答えします。このごろの人には、(あらゆる人びとがいずれ成仏すべき*仏性を持っているから拝むのであるという)その趣旨がよく理解されていません。(ですから、必ずそうすべきことでもありません)

*不軽の如く人をおがむ事し候べきか。
答う。このごろの人の、え心得ぬ事にて候なり。
【百四十五箇條問答(三五)・昭法全六五四】

194
七歳までの子が死んだ場合は物忌みすることはない、と言われていることはいかがでしょうか。
お答えします。仏教には忌みということなどありません。それは世間で言っていることです。

七歳の子死にて、忌なしと申し候はいかに。
答う。仏教には忌という事なし、世俗に申したらんように。
【百四十五箇條問答（三六）・昭法全六五四】

195

仏像（の修理のため）に膠を用いたところ汚くなってしまいました。どうすればよいでしょう。
お答えします。たしかに膠は汚いものではありますが、用いなければ（修理も）できませんので（致し方ありません）。

仏ににかわを具し候がきたなく候。いかがし候べき。
答う。まことにきたなけれども、具せではかのうまじければ。
【百四十五箇條問答（三七）・昭法全六五四】

196

尼僧(にそう)が服薬(ふくやく)するのは、悪いことでしょうか。

お答えします。病気の時には、差し支えありません。そうでないときにはよくないことです。

尼(あま)の服薬し候は、わろく候か。

答う。やまいにくうはくるしからず。ただはあし。

【百四十五箇條問答（三八）・昭法全六五四】

197

父や母よりも先に死ぬのは罪であるといわれているのは、いかがでしょうか。

お答えします。それはこの世のさだめ、死を迎えるあとさきについては力及ばないものです。

父母(ちちはは)のさきに死ぬるは、つみと申し候はいかに。

答う。穢土(えど)のならい、前後ちからなき事にて候。

198

生きている間に積む功徳[*くどく]はよいものでしょうか。

お答えします。すばらしいことです。

いきてつくり候功徳はよく候か。

答う。めでたし。

【百四十五箇條問答（三九）・昭法全六五四】

199

道理をはずしている者に節操なく物を与えるのは罪になりますか。

お答えします。罪になります。

わわくに物くるるは、つみにて候か。

答う。つみにて候。

【百四十五箇條問答（四〇）・昭法全六五四】

【百四十五箇條問答（四一）・昭法全六五四】

200

（仏前で）懺悔する際には、幡や花鬘といった装飾で荘厳を調えるべきでしょうか。

お答えします。そうしなくとも、ただ一心に懺悔することこそ大切なのです。

懺悔の事、幡や花鬘なんどかざり候べきか。

答う。さらでも、ただ一心ぞ大切に候。

【百四十五箇條問答（四五）・昭法全六五五】

201

お花やお香を仏さまにお供えすることについてはいかがでしょう。

お答えします。夜明け前に起きて勤行をする際には、ご供養の作法にのっとって必ずお供えするものです。ふだんは花瓶に生けたり、散華してご供養なさい。お香は必ず焚くようになさい。都合が悪い時にはその限りではありません。

花香をほとけにまいらせ候事。

答う。あか月は供養法（くようぼう）にかならずまいらせ候。ただはながめにさし、ちらしても供養すべし。香はかならずたくべし、便（たより）あしくばなくとも。

【百四十五箇條問答（四六）・昭法全六五五】

202

お経は僧侶に教わるべきでしょうか。

お答えします。ご自身で唱えられるのであれば、僧侶に教わらなくとも結構でしょう。

経をば、僧にうけ候べきか。

答う。われとよみつべくは、僧にうけずとも。

【百四十五箇條問答（四七）・昭法全六五五】

203

お説法（せっぽう）を聞きに行ったり、神社仏閣への参詣を必ずするべきでしょうか。

お答えします。なさらなくともよろしいでしょう。時にはかえって悪影響を受けることもあります。ただ静かにお念仏をお称えなさい。

聴聞ものもうでは、かならずし候べきか。
答う。せずとも。中にわろく候。しずかにただ御念仏候え。

【百四十五箇條問答（四八）・昭法全六五五】

204 神さまに後生のことをお祈りするのはいかがでしょう。
お答えします。仏さまに祈るには及びません。

神に後世申し候事、いかん。
答う。仏に申すにはすぐまじ。

【百四十五箇條問答（四九）・昭法全六五五】

205 神社仏閣に参拝するにあたっての飲食や行いをつつしみ、つとめて心身を清めることは、三日間続けるのと一日だけするのとではどちらがよろしいでしょう。

206

お答えします。そのようにするにしても、神仏を信ずる心が根本となります。何日続けなければならないという決まりなどありません。（いずれかと言われれば）むろん、三日間続けた方がよいでしょう。

神仏（かみほとけ）へまいらんに、三日一日の精進（しょうじん）、いずれがよく候。

答う。信を本にす。いくかと本説なし。三日こそよく候（そうら）わめ。

【百四十五箇條問答（五五）・昭法全六五六】

歌を詠（よ）むことは罪になるのでしょうか。

お答えします。必ずしもそうとは限りません。場合によっては罪にもなり、また功徳（くどく）*にもなります。

歌よむはつみにて候か。

答う。あながちにえ候（そうら）わじ。ただし罪もえ、功徳にもなる。

【百四十五箇條問答（五六）・昭法全六五六】

207

お酒を飲むのは罪になるのでしょうか。

お答えします。本来飲むべきではありませんが、この世のならいです。

さけのむは、つみにて候か。

答う。ま事にはのむべくもなけれども、この世のならい。

【百四十五箇條問答（五七）・昭法全六五六】

208

魚や鳥、動物の肉などを食べることも罪でしょうか。

お答えします。やはりこれも（お酒を飲むことと）同じです。

魚鳥鹿（いおとりしし）は、かわり候か。

答う。ただおなじ。

【百四十五箇條問答（五八）・昭法全六五六】

209

仏像を造立したならば、その前に経典を必ず具え置くべきでしょうか。お答えします。必ずそうしなければならないわけではありませんが、そうなさっても結構です。

仏つくりて、経はかならず具し候べきか。
答う。かならず具すべしとも候わず、又具してもよし。

【百四十五箇條問答（六〇）・昭法全六五六】

210

*功徳を積むには我が身に堪え得る範囲でよろしい、というのは本当でしょうか。お答えします。いかほどと決められることではありません。出来る限りお勤めください。

功徳は身のたうるほどと申し候は、ま事にて候か。
答う。沙汰におよび候わず、ちからのたうるほど。

211

【百四十五箇條問答（六一）・昭法全六五七】

経典と仏像とは必ず同時に据え置くものでしょうか。

お答えします。そうとも限りません。別々でも結構です。

経と仏と、かならず一度にすえ候か。

答う。さも候わず、ひとつずつも。

【百四十五箇條問答（六二）・昭法全六五七】

212

『*錫杖経』は必ず唱えるべきでしょうか。

お答えします。そうしなくともかまいません。その暇があればお念仏の一遍も称えるべきです。出家者が修行遍歴するときに、虫のために『錫杖経』を唱えているのです。

錫杖はかならず誦すべきか。

答う。さなくとも、そのいとまに念仏一遍も申すべし。あま法師こそありく時、むしのために誦し候え。【百四十五箇條問答（六三）・昭法全六五七】

213

喪に服している間に、神社仏閣に詣でるのはいかがでしょうか。

お答えします。かまいません。*本命日も同じことです。

いみの日、物もうでし候はいかに。

答う。くるしからず。本命日も。【百四十五箇條問答（六四）・昭法全六五七】

214

*五逆や*十悪といった重い罪の報いでさえ、わずか一遍のお念仏で消え去ってしまうのでしょうか。

お答えします。疑いありません。

五逆十悪、一念にほろび候か。

答う。うたがいなく候。

【百四十五箇條問答（六五）・昭法全六五七】

215

臨終に善知識に遇えなくとも、日ごろから称えているお念仏の功徳によって往生は叶いますか。

お答えします。善知識には遇えなくとも、また、たとえ思い描いていたような臨終ではなくとも、お念仏さえ称えていれば往生するのです。

臨終に、善知識にあい候わずとも、日ごろの念仏にて往生はし候べきか。

答う。善知識にあわずとも、臨終おもう様ならずとも、念仏申さば往生すべし。

【百四十五箇條問答（六六）・昭法全六五七】

216

み仏の教えを謗ることは、五逆罪というきわめて重い罪よりもさらに重いというのは、本当でしょうか。

お答えします。そうしたことなど、およそ人のすることではありません。

誹謗正法は、五逆のつみにおおくまさりと申し候は、ま事にて候か。

答う。これはいと人のせぬ事にて候。

【百四十五箇條問答（六七）・昭法全六五七】

217 亡くなった方の髪の毛は、剃るべきでしょうか。

お答えします。必ずしもそうしなければならない、というものではありません。

死にて候わんもののかみは、そり候べきか。

答う。かならずさるまじ。

【百四十五箇條問答（六八）・昭法全六五七】

218 どうしても心に妄念がわき起こってくるのは、いかがすべきでしょう。

お答えします。ただよくよくお念仏をお称えなさい。

心に妄念のいかにも思われ候は、いかがし候べき。
答う。ただよく念仏を申させ給え。

【百四十五箇條問（六九）答・昭法全六五八】

219

自分のために準備した臨終に必要な道具を、自分が使う前に他人にお貸しするのは、いかがでしょうか。
お答えします。差し支えありません。

わがりょうの、臨終の物の具、まず人にかし候は、いかが候べき。
答う。くるしからず。

【百四十五箇條問答（七〇）・昭法全六五八】

220

小ぎれいなものを着ながらも、人里離れたひなびたところで過ごし、往生を願うのはどうでしょう。

お答えします。差し支えありません。特に*八斎戒(はっさいかい)の時にこそ、そのようになさい。

221

よき物をき、わろきところにいて、往生ねがい候はいかが。

答う。くるしからず、八斎戒の時こそ、さは候(そうら)わめ。

【百四十五箇條問答(七四)・昭法全六五八】

月経の時、経典を拝読するのはどうでしょう。

お答えします。差し支えあるとは思われません。

月のはばかりの時、経よみ候はいかが候。

答う。くるしみあるべしとも見えず候。

【百四十五箇條問答(七五)・昭法全六五八】

222

願いごとが叶わない時、み仏を恨むのはいかがでしょう。

お答えします。恨んではなりません。ご縁によって、信心の有る無しによってみ仏のご利益はあるものです。今生のことも、後生のことも、み仏におたのみするよりすぐれたことはありません。

> 申し候事のかない候わぬに、仏をうらみ候、いかが候。
> 答う。うらむべからず、縁により信のありなしによりて利生はあり。この世、のちの世、仏をたのむにはしかず。
> 【百四十五箇條問答（七六）・昭法全六五八】

223

にんにくや肉を食べた場合の物忌みはいずれも七日間なのですか。また、肉の干したものは忌みが深いというのはいかがでしょうか。

お答えします。にんにくを食べても口から臭いが消えたならば、もう気にすることはありません。肉を干すことによって忌みが深くなるというのは誤りです。

ひるししは、いずれも七日(しちにち)にて候か。又ししの干(ひ)たるは、いみふかしと申し候は、いかに。

答う。ひるも香(か)うせなば、はばかりなし。ししの干たるによりて、忌(いみ)ふかしという事はひが事。【百四十五箇条問答（七七）・昭法全六五八】

月経の間、神へのお供えとして、経典（を拝読すること）は差し支えないものでしょうか。

お答えします。神へは遠慮すべきかもしれませんが、仏の教えには物忌(ものい)みなどありません。そのようなことは＊陰陽師(おんみょうじ)にお尋ねなさい。

月のはばかりのあいだ、神のりょうに、経はくるしく候まじきか。

答う。神やはばかるらん、仏法にはいまず、陰陽師にとわせ給え。【百四十五箇條問答（七八）・昭法全六五九】

225

子どもを産んだ後、百日間は仏さまや神さまにお参りするのを慎むもの、というのは本当でしょうか。

お答えします。それも（月経時の読経）と同じように仏教には物忌みはありません。

子うみて、仏神へまいる事、百日はばかりと申し候は、まことにて候か。

答う。それも仏法にいまず。

【百四十五箇條問答（七九）・昭法全六五九】

226

お数珠を持たず、掛け帯もつけずにお経を教わるのはいかがでしょうか。

お答えします。差し支えありません。

ずず、かけおびかけずして、経をうけ候事は、いかに。

答う。くるしからず。

【百四十五箇條問答（八二）・昭法全六五九】

227

お斎(とき)には大豆やあずきのお料理を食べないもの、というのは本当でしょうか。

お答えします。食べても差し支えありません。

　斎にまめ・あずきの御りょうくわずと申し候は、ま事にて候か。

　答う。くるしからず。

【百四十五箇條問答（八二）・昭法全六五九】

228

床に就(つ)く時も起きた時も口をすすがずにお念仏を称(とな)えるのはいかがでしょうか。

お答えします。差し支えありません。

　ねてもさめても、口あらわで念仏申し候(そうら)わんは、いかが候べき。

　答う。くるしからず。

【百四十五箇條問答（八三）・昭法全六五九】

229

信者から食事の施しを受けるのは罪になりますか。

お答えします。お勤めをしていただくならば構いません。しなければ深い罪となります。

信施（しんせ）をうくるは、つみにて候か。

答う。つとめして食うはくるしからず、せねばふかし。

【百四十五箇條問答（八四）・昭法全六五九】

230

僧侶への施し物を食べるのは罪でしょうか。

お答えします。罪になることもありますし、ならないこともあります。仏さまにあがったものや、仏縁を結ぶために寄進されたものを食べるのは罪になります。

僧の物くい候も、つみにて候か。

答う。つみうるも候、えぬも候。仏のもの、奉加結縁（ほうがけちえん）の物くうはつみ。

【百四十五箇條問答（八六）・昭法全六六〇】

231

東大寺の大仏さまや四天王寺などの周辺に住み着いて、僧侶への施し物を頂戴しながらよき後生を願っている人は、罪になりますか。
お答えします。お念仏さえ称えれば、差し支えありません。

大仏・天王寺なんどの辺にいて、僧の物くいて、後世とらんとし候人は、つみか。
答う。念仏だに申さば、くるしからず。
【百四十五箇條問答（八七）・昭法全六六〇】

232

授戒して仏教に帰依した後は、何日間精進潔斎を続ければよいのでしょうか。
お答えします。何日でもあなたのお心次第です。

戒をたもちて、のち精進いくかかし候。
答う。いくかも御心。
【百四十五箇條問答（九〇）・昭法全六六〇】

233

お説教を聞くことで功徳（くどく）*が得られましょうか。
お答えします。功徳が得られます。

聴聞（ちょうもん）は功徳え候か。
答う。功徳え候。

【百四十五箇條問答（九一）・昭法全六六〇】

234

念仏行者が、神社仏閣へお参りすることはいかがでしょうか。
お答えします。差し支えありません。

念仏を行にしたる物が、物もうでは、いかに。
答う。くるしからず。

【百四十五箇條問答（九二）・昭法全六六〇】

235

仏閣に参拝した時にはお経を唱えて*廻向すべきなのに、お経を唱えずにお念仏を称えて廻向してもかまわない、というのはどうでしょうか。
お答えします。差し支えありません。

物もうでして、経を廻向すべきに、経をばよまで、念仏を廻向する、くるしからずと申し候は、いかに。
答う。くるしからず。

【百四十五箇條問答（九三）・昭法全六六〇】

236

*千手観音や*薬師如来への参詣には物忌みがあるというのは本当でしょうか。
お答えします。そんなことはありません。

千手・薬師は、物忌ませ給うと申す、いかに。
答う。さる事なし。

【百四十五箇條問答（九六）・昭法全六六一】

237

＊六斎日に、にらやにんにくを食べるのはいかがでしょうか。
お答えします。召し上がらない方がよいでしょう。


六斎に、にら・ひる、いかに。

答う。めさざらんはよく候。

【百四十五箇條問答（九七）・昭法全六六一】

238

斎日の＊生飯には一菜を添えるべきでしょうか。それとも土器にでも取り集めておくべきでしょうか。また、その生飯は屋根の上に投げ上げるべきでしょうか。あるいは自分用の皿に盛っておくべきでしょうか。

お答えします。いずれでもお心のままに。


斎のさばには、菜を具し候べきか。斎の散飯をば、屋のうえにうちあげ候べきか、かわらけにとり候べきか、わがひきれのさらにとり候べきか。

答う。いずれも御心。

【百四十五箇條問答（一〇〇）・昭法全六六一】

239

*出家せずとも往生は叶いますか。

お答えします。俗世に身を置いたまま往生を遂げる人も多くいます。

　出家し候(そうら)わねども、往生はし候か。

答う。*在家(ざいけ)ながら往生する人おおし。

【百四十五箇條問答（一〇二）・昭法全六六二】

240

お念仏を称(とな)えていても、腹立たしい思いがさまざまに湧き起こります。どうすればよいでしょう。

お答えします。心が散り乱れてしまうのはいかにも悪いことです。よくよく一心にお称えください。

　念仏を申し候に、はらのたつ心のさまざまに候。いかがし候べき。

答う。散乱の心、よにわろき事にて候。かまえて一心に申させ給え。

【百四十五箇條問答（一〇四）・昭法全六六二】

241 男でも女でも、髪を残したまま死ぬのはいかがでしょうか。

お答えします。往生は髪のあるなしによるものではありません。ただお念仏によると心得ています。

髪つけながら、おとこおんなの死に候は、いかに。

答う。髪により候わず、ただ念仏と見えたり。

【百四十五箇條問答（一〇五）・昭法全六六二】

242 経典や仏像などを売り飛ばすのは罪ですか。

お答えします。重い罪です。

経・仏なんどうり候は、つみにて候か。

答う。つみふかく候。

【百四十五箇條問答（一〇八）・昭法全六六二】

243

酒を飲んだ際の物忌みが七日間というのは本当でしょうか。

お答えします。そのとおりです。しかし、病気を治療するために飲んだ場合はその限りではありません。

酒の忌、七日と申し候は、ま事にて候か。

答う。さにて候。されどもやまいには、ゆるされて候。

【百四十五箇條問答（一一二）・昭法全六六三】

244

魚や鳥を食べた際、お経は沐浴して身を清めてから読むべきでしょうか。

お答えします。そのようにして読むのが本当です。そうしないと、読経の功徳*はありますが、魚や鳥を食べた罪は残ったままです。ただし、沐浴しなくとも読まないよりは読んだ方がよいでしょう。

魚鳥くいては、いかけして、経はよみ候べきか。
答う。いかけしてよむ本体にて候。せでよむは、功徳と罪と、ともに候。
ただしいかけせでも、よまぬよりは、よむはよく候。
【百四十五箇條問答（一一三）・昭法全六六三】

245

尼僧になる時におろした髪の毛はどうしたらよいでしょう。
お答えします。お経に使う紙の材料に混ぜてすくか、仏像の胎内に納めなさい。

尼になりたる髪、いかがし候べき。
答う。経の料紙にすき、もしは仏の中にこそはこめ候え。
【百四十五箇條問答（一一六）・昭法全六六三】

246

仏さまを恨むなど、あってはならないことでしょうね。

お答えします。どのような理由があっても仏さまを恨んだりしてはいけません。信心の篤い人は重い罪の報いですら滅していただけますが、信心の浅い人は軽い罪の報いすら滅してはいただけません。自分に信心が欠けていることを恥じるべきです。

仏をうらむる事は、あるまじき事にて候な。

答う。いかさまにも、仏をうらむることなかれ。信ある物は大罪すら滅す、信なき物は小罪だにも滅せず、わが信のなき事をはずべし。

【百四十五箇條問答（一一九）・昭法全六六四】

247

＊八専の日にはお寺へ参詣しないものというのは本当ですか。

お答えします。そうしたことはありません。いつなんどきであろうとも、（参詣する者の祈りに）仏さまが耳を傾けてくださらないことなど、どうしてありましょうか。

248

八専に、物もうでせぬと申すは、ま事にて候か。

答う。さる事候(そうら)わず、いつならんからに、仏の耳きかせ給わぬ事の、なじか候べき。

【百四十五箇條問答（一二〇）・昭法全六六四】


お灸をしたら神社仏閣に参詣するものではない、またお灸をした時に着ていた衣類は捨てるものだ、ということについてはいかがでしょう。

お答えします。これもまた大変な間違いです。ただお灸をした後には体をいたわり、出歩くことなどはおよしなさい。お灸に物忌(ものい)みなどありません。


灸治(きゅうじ)の時、物もうでせず、そのおりのき物も、すつると申し候は。

答う。これ又きわめたるひが事にて候。ただ、灸治をいたわりて、ありきなんどせぬ事にてこそ候(そうら)え。灸治の忌ある事候わず。

【百四十五箇條問答（一二一）・昭法全六六四】

249 にんにくや動物の肉を食べて三年のうちに死んだ場合、往生できないというのは本当でしょうか。

お答えします。これもまた大変な間違いです。臨終間近の人には、*五辛を食べた人を近づけるものではないということはありますが、そもそも三年間も物忌みが続くことなどないでしょうな。


ひる・ししくいて、三年がうちに死に候えば、往生せずと申し候は、ま事にて候やらん。

答う。これ又きわめたるひが事にて候。臨終に五辛くいたる物をばよせずと申したる事は候えども、三年まで忌む事はおおかた候わぬなり。

【百四十五箇條問答（一二二）・昭法全六六四】

250 はやり病にかかって死んだ人や、出産がもとで死んだ人は罪を背負う、というのはいかがでしょうか。

お答えします。それも（先ほどのご質問同様、大変な間違いであって）、お念仏を称(とな)えれば往生は叶うのです。

厄病(やくびょう)やみて死ぬる物、子うみて死ぬる物は、つみと申し候はいかに。

答う。それも念仏申せば往生し候。

【百四十五箇條問答（一二三）・昭法全六六四】

251

本来、子どもが親にすべき孝養(こうよう)の勤めを、（反対に）親が子どもに施そうとした時、子どもがそれを受けない、というのはいかがでしょう。

お答えします。間違いです。

子の孝養(きょうよう)おやのするは、うけずと申し候。いかに。

答う。ひが事なり。

【百四十五箇條問答（一二四）・昭法全六六四】

252

産後は何日間、忌(い)みに服するものでしょうか。また、喪(も)の忌みには何日間服するものでしょうか。
お答えします。仏教に物忌みはありません。世間では、産後の忌みは七日間、あるいは三十日間といっております。喪の忌みについては五十日間といっていますが、あなたのお考え次第でよいでしょう。

産の忌いくかにて候ぞ、又いみもいくかにて候ぞ。
答う。仏教には、いみという事候わず、世間には産は七日、又三十日と申すげに候。いみも五十日と申す、御心に候。

【百四十五箇條問答（一二五）・昭法全六六五】

253

後生のためには仏像や経典を必ずしつらえておくべきでしょうか。
お答えします。そうするようにきまっているのですから、ぜひ、そうすべきです。

没後の仏・経しおく事は、一定すべく候か。

254

答う。一定にて候、すべく候。【百四十五箇條問答（一二六）・昭法全六六五】

日々のお念仏を勤められなかった時、あとでその分を励んで称えたり、また勤められないかもしれないからと前もって称えておくのはいかがでしょうか。

お答えします。（称えられなかった分を）励んで称えるのはかまいませんが、前もって称えておこうとするのは、むしろ怠け心の表れです。

所作欠きてしいれ、かねて欠かんずるを、まずし候はいかに。

答う。しいるるはくるしからず、かねては懈怠なり。【百四十五箇條問答（一二七）・昭法全六六五】

255

若いうちに出家するのと、老いてからするのとでは、どちらに功徳がありますか。

お答えします。老いてからでも功徳はありますが、若いうちなら、なおすばらしいことです。

出家は、わかきとおいたると、いずれが功徳にて候。
答う。老いては功徳はかりえ候。わかきはなおめでたく候。

【百四十五箇條問答（一二八）・昭法全六六五】

256 物忌みに服している人が神社仏閣へ参拝するのはよくないことでしょうか。
お答えします。差し支えありません。

忌の物の、ものへまいり候事は、あしく候か。
答う。くるしからず。

【百四十五箇條問答（一三〇）・昭法全六六五】

257 お斎の際に唱える経文について、このようにしなさいというきまりがあるといいます。それをお示しいただきたく、仰せつかって参りました。

お答えします。お斎の際にもただお念仏をお称えください。

斎のおりの誦文は、かくし候べしとし申し候。御らんのためにまいらせ候。

答う。斎のおりも、ただ念仏を申させ給え。

【百四十五箇條問答（一三二）・昭法全六六五】

258 桜の木や栗の木で作ったお数珠は縁起が悪いとされていますが、いかがでしょうか。

お答えします。そんなことはありません。

ずずには、さくら・くり忌むと申し候は、いかに。

答う。さる事候わず。

【百四十五箇條問答（一三七）・昭法全六六六】

259 この世をよりよく暮らせるように祈ったにもかかわらず、その御利益がいただけない人がいますが、なぜでしょうか。

お答えします。祈ったのに御利益がないとのことですが、仏さまが嘘を言っているわけではありません。自分の心がみ仏の教えにそぐわないから御利益がないのです。ですから、教えのとおりにすれば御利益はあるものなのです。観音さまを祈るにも、一心に念ずれば御利益はあり、そうでなければありません。はるかに遠い昔から深く仏縁を結んだ人は、この世での逃れがたい苦難さえ変えることが出来ます。はるか遠い昔から現世に至るまで仏縁の浅い人は、少しばかりの苦難が巡ってきただけで「仏さまの御利益がない……」と言うものです。（御利益とはこうしたものですから）仏さまを恨んだりしてはいけません。ただこの現世のため、また後世のために仏さまにお仕えするには、心の底から、誠の思いで励んでこそ、現世での願いも叶い、また後世には浄土に往生することができるのです。御利益がないというならば、自分の心を恥ずべきでしょう。


現世をいのり候に、しるしの候わぬ人はいかに候ぞ。

答う。現世をいのるに、しるしなしと申す事、仏の御そらごとには候わず、わが心の説のごとくせぬによりて、しるしなき事は候なり。さればよくするにはみなしるしは候なり。観音を念ずるにも、一心にすればしるし候。もし一心なければしるし候わず。むかしの縁あつき人は、定業すらなお転ず、むかしもいまも縁あさき人は、ちりばかりものくるしみにだにもしるしなしと申して候なり。仏をうらみおぼしめすべからず。ただこの世、のちの世のために仏につかえんには、心をいたし、ま事をはげむ事、この世もおもう事かない、のちの世も浄土にうまるる事にて候なり。しるしなくば、わが心をはずべし。

【百四十五箇條問（一三九）答・昭法全六六八】

260

臨終の場に＊不浄な物があると、仏さまがお迎えにみえても引き返されるといわれていますが、それは本当でしょうか。

お答えします。仏さまの来迎にあずかる限りは、不浄な物があるからといってどうして引き返されるでしょうか。仏さまは、清いとかそうでないといったことなど問題にされないのです。ところが私たちの目には清くないものも清く、清いものも清くなく映ってしまうものです。ただお念仏を称えることこそがよろしいのです。たとえ清らかであってもお念仏を称えなければ、（仏さまの来迎にあずかるという）ご利益をいただくことはできません。すべてをなげうってお念仏を称えなさい。このことの実例は多くあります。

臨終の時不浄のものの候には、仏のむかえにわたらせ給いたるも、返らせ給うと申し候は、ま事にて候か。
答う。仏のむかえにおわしますほどにては、不浄のものありというとも、なじかは返らせ給うべき。仏はきよき・きたなきの沙汰なし。みなされども観ずれば、きたなきもきよく、きよきもきたなくしなす。ただ念仏ぞよかるべき。きよくとも念仏申さざらんには益なし。万事をすてて念仏を申すべし。証拠のみおおかり。【百四十五箇條問答（一四〇）・昭法全六六七】

261 戒律を守っていない僧侶や、ものの道理に暗い僧侶に対してでも、供養（くよう）を施せば＊功徳（くどく）になるでしょうか。
お答えします。たとえ戒律を守り通せない僧侶や、ものの道理に暗い僧侶であっても、＊末法（まっぽう）の今となっては、仏さまのごとく敬うべきです。

262

破戒の僧、愚痴の僧、供養せんも功徳にて候か。
答う。破戒の僧、愚痴の僧を、すえの世には、仏のごとくたっとむべきにて候なり。
【百四十五箇條問答（一四二）・昭法全六六七】

毎日称えるお念仏についてですが、六万遍や十万遍を日課として大ざっぱにお数珠を繰って称えるのと、二万遍や三万遍を一遍一遍正確に繰って称えるのとでは、どちらがよいでしょう。

お答えします。そこが凡夫*の悲しさで、二万遍、三万遍とお念仏の数を充てたところで、そのとおりに実行できるものではないでしょう。ただ、その日課の数は多いに越したことはありません。（数を多く定めるのは）お念仏を継続するためです。その場合、必ずしも数の多少が大切なわけではありません。ただ絶え間なくお念仏を称えるために数を定めるのです。そうしないと、怠ける原因となりますから、日課の数を定めるようにお勧めしているのです。

263

毎日の所作に、六万十万の数遍を、ずずをくりて申し候わんと、二万三万を、ずずをたしかにひとつずつ申し候わんと、いずれがよく候べき。

答う。凡夫のならい、二万三万あつとも、如法にはかないがたからん。ただ数遍のおおからんにはすぐべからず。名号を相続せんためなり。かならずしもかずを要とするにはあらず、ただつねに念仏せんがためなり。かずをさだめぬは懈怠の因縁なれば、数遍をすすむるにて候。

【百四十五箇條問答（一四三）・昭法全六六八】

（→類似法語・119、119-2、180、②162参照）

*真言宗で修めている阿弥陀供養法という儀式は、往生するための正しい修行なのでしょうか。

お答えします。真言宗における阿弥陀さまと浄土宗における阿弥陀さまとは、お姿こそ同じように見えますがそのありようまで同じというわけではありません。真言宗の教えでは、阿弥陀さまは私たちの心の中にいらっしゃる仏さまであり、私たちの心の外に求めるべきではないとしています。しかし、この浄土宗の教えでは、阿弥陀さまは*法蔵菩薩が修行して仏となられたお方で、現に西方極楽浄土にいらっしゃいます。ですからそのありようは大いに異なるのです。

*真言の阿弥陀の供養法は、*正行にて候べきか。
答う。仏体は一つにはにたれども、その心不同なり。真言教の弥陀は、これ*己心の如来、ほかをたずぬべからず。この教の弥陀は、これ法蔵比丘の成仏なり。西方におわしますゆえに、その心おおきにことなり。
【百四十五箇條問答（一四四）・昭法全六六八】

264

悪事を止め、善を修めようと常に心がけてお念仏を称えるのと、ただただ*本願を頼りに称えるのとでは、どちらがよいのでしょう。

お答えします。「悪を止め善を修める」とは、あらゆる仏さまが等しく誡めている教えではありますが、今の世の私たちは、皆、それに背く身となってしまいました。かくなる上は、私たちのために阿弥陀さまが発された誓願の救いをただひとえに深く信じて、お念仏を称えるに勝ることはありますまい。*智慧のある人もない人も、戒を守れる人も守れない人も嫌うことなく、阿弥陀さまは来迎してくださいます。よくお心得なさい。

つねに悪をとどめ、善をつくるべき事をおもわえて念仏し申し候わんと、ただ本願をたのむばかりにて念仏を申し候わんと、いずれがよく候べき。答う。廃悪修善は、諸仏の通戒なり。しかれども、当時のわれらは、みなそれにはそむきたる身ともなれば、ただひとえに、別意弘願のむねをふかく信じて、名号をとなえさせ給わんにすぎ候まじ。有智無智、持戒破戒をきらわず、阿弥陀ほとけは来迎し給う事にて候なり。御心え候え。

【百四十五箇條問答（一四五）・昭法全六六八】

（↓類似法語・34、②41参照）

【は行】

薄地底下

八難

八熱

波羅蜜

白道

普賢

付属の釈

別時

別時意

別当

弁阿

報仏

菩薩

菩提流支

法相

法相宗

【ま行】

密教

密厳華蔵

文殊・文殊師利

【や行】

薬師

【ら行】

利生（→①相好・光明・説法・利生）

龍樹

龍女

流通

六度

六道（→①六趣）

六欲四禅

六方

付　　録

1．法語別索引

◆数字は法語番号を示す。

2．成句索引

◆各法語の文中で、エッセンスになると思われる、また一般的に印象深い成句となっていると思われる部分を抜き出し、そのはじめの語句を五十音順に配列して法語番号を示した。各法語本文(原文)の冒頭部分とは必ずしも一致するわけではない。(酷似文がある場合には一文のみを取り上げ、その番号は併記している)。

【あ行】

【か行】

【さ行】

【た行】

【な行】

【は行】

【ま行】

【や行】

【ら行】

【わ行】

3．語句索引

◆索引語句は主に名詞を中心とした。数字は法語番号（原文）を示す。

【あ行】

【か行】

【さ行】

【た行】

【な行】

【は行】

【ま行】

【や行】

【ら行】

【わ行】

４．用語解説

◆解説語句のうち、本集や既刊の他の項目でその語を含む熟語などが解説されている場合には→印をもって示した。その際、無印は本集、①等は本シリーズの巻数を示す。また、本文中＊を付した語で本集で取り上げていないものについては、既刊の用語解説を参照されたい（本用語解説末に一覧を記載※括弧のある項目は参照見出し）。

あくどう【悪道】→①さんあくどう・さんなくどう【三悪道】

いとをひく【糸をひく】 臨終の迫った人の手に、阿弥陀仏像（または図画）の手に結んだ青、黄、赤、白、黒の五色の糸をかけ、阿弥陀仏の来迎引接を期す作法。臨終に際し、浄土往生を願って行われる作法を臨終行儀というが、その一次第として平安時代から盛んに行われるようになり、江戸時代まで及んだ。源信の『往生要集』巻中など諸文献に見られる。ただし法然上人は、『逆修説法』などにおいても、往生には称名念仏こそが何より大切であって、こうした儀礼作法は必ずしも必要ではないとの立場を示している。→ごしきのいと【五色の糸】

えいくう【叡空】 生年不詳〜治承３年（？〜1179） 平安時代後期の天台宗の学僧。太政大臣藤原伊通の子と伝えられ、慈眼房と号する。比叡山において良忍から円頓戒を受けて後、西塔黒谷に隠棲。黒谷流円頓戒の戒師として名高い。黒谷における法然上人の師で円頓戒や浄土教を講ずるが、戒体論や観相念仏・称名念仏の優劣をめぐっては見解の相違があったと伝えられる。著書に『円頓戒法秘蔵大綱集』１巻がある。→りょうにん【良忍】

えほうしょうぼう【依報正報】→②えしょう【依正】

おうにごあくしゅをきり【横に五悪趣を截り】 浄土往生を遂げることによって、輪廻を繰り返す五悪道（地獄・餓鬼・畜生・人・天）の世界を瞬時に離れ出ること。『無量寿経』巻下の一節、「安養国に往生することを得れば、横に五悪趣を截り悪趣自然に閉じ、道に昇ること窮極無し。往き易くして而も人無し」が典拠。法然上人は『無量寿経釈』で、道綽禅師の『安楽集』にある「若し弥陀の浄国に往生するを得れば、娑婆の五道、一時に頓に捨つ。故に横截と名ずく。五悪趣とは、その果を截るなり」との一節を根拠として、浄土教は頓教であると示している。

おんみょうじ・おんようし・おんにょうし【陰陽師】 中国伝来の陰陽五行説にもとづく陰陽道により物事の吉凶や方角、地相、日の善し悪しなどを占う人。陰陽道を研究し、天文・暦数などを司る朝廷の一機関（陰陽寮）に属する。

くうがん【空観】 天台教学における基本的な修行法。あらゆる事象は原因と条件が複雑に関係しあい、その結果、絶えず変化し続けるものとして成り立っており、そこには常住不変の実体などない（空）と観察し体得すること。→だいいちぎくう【第一義空】、①しんごんしかんのぎょう【真言止観の行】、②てんだい【天台】

くきょう【九境】 天台宗の実践行である止観において、修行者がこの現実世界を正しく観察するための対象である十境（じっきょう）のうち、陰入界境（おんにゅうかいきょう）を除いた煩悩境（ぼんのうきょう）・病患境（びょうげんきょう）・業相境（ごっそうきょう）・摩事境（まじきょう）・禅定境（ぜんじょうきょう）・諸見境（しょけんきょう）・増上慢境（ぞうじょうまんきょう）・二乗境（にじょうきょう）・菩薩境（ぼさつきょう）の九つ。止観は天台大師智顗（ちぎ）の『摩訶

止観』に説かれ、自己の経験する事象をつぶさに観察し、その状態を正しく把握することによって、覚りの境地が得られるとする。その具体的な実践方法として、ある対象を修行者の内面的境地に応じて十段階に分類して十境とし、それらを止観する十乗観法が示された。基本的には、感覚器官を通じて経験する世界（陰入界境）をありのままに把握する止観によって覚りが得られるという。しかし、止観を重ねるにつれ智恵と妄念との区別が微妙となり、その分別を誤ると覚りの支障になるとされる。そうした事態に対処して正しい分別が出来るように、止観の際に生じる妄念を９段階想定し、それらを止観の対象として設けたのが九境である。→①しんごんしかんのぎょう【真言止観の行】、②てんだい【天台】

くじょうのしょ【九帖の書】 善導大師の著作の総称。『観経疏』４巻、『法事讃』２巻、『観念法門』１巻、『往生礼讃』１巻、『般舟讃』１巻で、部数が５、巻数が９であることから、一般には「五部九巻」と言われる。「九帖の書」は総巻数にもとづく呼称。ただし、法然上人は在世中に、『般舟讃』を被閲することはかなわなかったようであり、これを除いた４部８巻を上人は法語中で「八帖の聖書」「八軸の金典」の名称を用いている。

くほん【九品】（１）→①くらいたかくおうじょうして【位高く往生して】（２）極楽浄土に往生した後の九つの階位。念仏によって往生する際、往生以前の行いなどによって、上品（じょうぼん）・中品（ちゅうぼん）・下品（げぼん）の三品に大別され、それぞれを上生（じょうしょう）・中生（ちゅうしょう）・下生（げしょう）に細分した九種をいう。階位に応じて往生の様相などが異なると『観無量寿経』に説かれる。→さんぱいおうじょう【三輩往生】

くろだに【黒谷】→くろだにのほうおんぞう【黒谷の報恩蔵】

くろだにのほうおんぞう【黒谷の報恩蔵】 比叡山延暦寺の寺域中、西塔北谷の黒谷にある経典を納める蔵庫（経蔵）のこと。黒谷は、平安時代中期に禅瑜が居住して浄土教を宣揚して以来、名声や欲心を捨てた僧が修行に明け暮れる隠棲の地となった。法然上人は１８歳で黒谷に隠遁して叡空に師事し、のち４３歳の時に至って、この経蔵で善導大師の『観経疏』「一心専念の文」を見出し称名念仏による浄土往生を確信、開宗を決意された。

けぶつ【化仏】→②けぶつ・ほうぶつ【化仏・報仏】

けんし【見思】 見惑（けんわく）と思惑（しわく）のこと。つぶさには見思惑という。見惑とは、常住不変の自我があると誤認してしまう煩悩のこと。自我に執着した結果、貪・瞋・痴・慢・疑などを引き起こす。思惑とは、過去の経験が習慣となり、目の前の事象に心を惑わしてしまう肉体的・情意的な煩悩のこと。これら見思惑を断じない限り三界に生死を繰り返すとされる。天台宗においては、塵沙惑・無明惑とともに三惑に数えられる。→さんわく【三惑】、じんじゃ【塵沙】、むみょう【無明】

こうじょうのぜっそうをいだして【広長の舌相をいだして】→①したをのべて【舌をのべて】

こうみょう【光明】→②こうみょう【光明】、①そうごう・こうみょう・せっぽう・りしょう【相好・光明・説法・利生】

ごぎゃく【五逆】→①じゅうあくごぎゃく【十悪五逆】

ごしきのいと【五色の糸】 青、黄、赤、白、黒の五色の糸をより合わせたもの。善の綱、阿弥陀の手糸などともいう。この五色は仏の五つの智慧（五智）や大日・阿閦（あしゅく）・宝生（ほうしょう）・阿弥陀・不空成就（ふくうじょうじゅ）の五つの如来（五智如来＝ごちにょらい）など、仏教のさまざまな教義の象徴とされる。→いとをひく【糸をひく】、ごち【五智】

ごしん【五辛】 ねぎ、らっきょう、にら、にんにく、はじかみ（しょうがの古称）など、辛みや臭みのある五種の野菜。その五種の内訳や名称には、出典によって違いがある。これらを食べると色欲や怒りの感情などを引き起こし、仏道修行の妨げとなることから、食べてはならないとされている。五葷（ごくん）ともいう。

こしんのにょらい【己心の如来】 自分自身の心（己心）の中にこそ仏（如来）は存在する、との意味。華厳・法華・真言など聖道門の教説において広く説かれる。「己心の弥陀」「唯心の弥陀」など、阿弥陀仏に限定した言い方も多い。一例として源信の『観心略要集』では、「我が身即ち弥陀、弥陀即ち我が身なれば、娑婆即ち極楽、極楽即ち娑婆なり・・・・・一念の妄心を翻じて法性の理を思えば、己心に仏身を見、己心に浄土を見ん」などと、天台止観の立場から己心の弥陀を説いている。こうした阿弥陀仏の捉え方とは対照的に、法然上人は「即身頓悟の旨をも明かさず。歴劫迂廻の行をも説かず。娑婆の外に極楽有り。我身の外に阿弥陀ましますと説きて、願ずべし、此の界を厭い、彼の国に生じて、無生忍を得んとの旨を明かす」（『逆修説法』六七日）と述べているように、浄土宗の阿弥陀仏はそれとは異なる立場を明らかにしている。

ごすいたいもつ【五衰退没】 天界に住する者がその寿命を終えて没す

る際、５種類の様相を呈して衰弱すること。５種類には異説があるものの、『往生要集』には、『六波羅蜜経』に基づいて、①頭上の花鬘（はなかつら）が萎む、②天衣が塵垢にけがされる、③腋の下から汗が出る、④両の目が廻る、⑤天界の生活が不快になる、を挙げている。また、天界から退かねばならない心の苦しみは、地獄の責め苦よりはるかに重いという。こうした指摘は、無量の快楽を受けるとされる天界でさえ、六道輪廻の範疇にあることをわれわれに認識させ、速やかに迷いの世界から離れ出るべきことを促している。

ごち【五智】『無量寿経』巻下に説かれる、阿弥陀仏が具える五つの智慧。仏智（ぶっち、覚りの智慧）・不思議智（ふしぎち、衆生には窺い知ることのできない智慧）・不可称智（ふかしょうち、表現し得ない智慧）・大乗広智（だいじょうこうち、人・天・声聞・縁覚・菩薩の五乗を等しく救う智慧）・無等無倫最上勝智（むとうむりんさいじょうしょうち、他と比べようもない勝れた智慧）の五。一般には大日如来の五智が知られており、これは大円鏡智・平等性智・妙観察智・成所作智のいわゆる四智に法界体性智を加えたもの。なお、阿弥陀仏の五智についても仏智を除く４つの智慧と大円鏡智などの四智とを対応させる理解もある。→①ちえ【智慧】

ごほんろっこん【五品六根】 天台宗で説く修行の階位。一般に修行の階位としては、『瓔珞経』に説かれる菩薩の五十二位が知られており、第一段階である十信から、十住、十行、十廻向、十地、等覚、そして覚りの境地である妙覚位と、修行者の境地は順次に七つの段階に分類される。しかし天台宗では、この五十二位の説を受けつつも、十信以前に五品の位を設けて八段階としている。五品は随喜品・読誦品・説法品・兼行六度品・正行六度品の五つで、五品弟子位ともいう。また六根は六根清浄位といい、天台宗における十信の位に相当するが、『瓔珞経』の説

に当てはめれば十地の境地に相当するという。→みょうかく【妙覚】

こまつどの【小松殿】 小松谷御坊ともいわれ、かつて平重盛の邸宅であった。平家没落後、九条兼実が譲り受け、その後、法然上人に寄進された。元久年間頃、上人は邸内の一堂に住して念仏教化につとめ、四国配流の際にはこの地から出立した。現在は正林寺（京都市東山区）として至っており、法然上人二十五霊場の第十四番となっている。

ごんきょう【権教】→ごんじつ【権実】

ごんじつ【権実】 権教と実教を併せた略称。実教とは「究極的な真実の教え」の意で、恒常的な不変の真理を指す。これに対し権教は「実教に導くための方便として仮に用いられる、一時的でかりそめの教え」の意。ひとたび実教に帰入すれば廃せられるべきものである。各々の宗旨にしたがって、仏教のさまざまな教理が権教と実教に分類される。

ざっしゅ【雑修】→①せんじゅ・ざっしゅ【専修・雑修】

さば【生飯】 餓鬼・畜生・無縁霊などに供養するために、食事の際に少量の飯を取り分けたもの。「さば」は生飯の宋音「さんぱん」がなまったものとされ、散飯・三飯・三盤などとも表記される。餓鬼などに施すために施餓鬼作法を勤め、野外にまくなどする。

さんじゅうにそう【三十二相】 過去世に積んだ福徳の結果として、仏や転輪聖王が具えている三十二の優れた特相。三十二大丈夫相（さんじゅうにだいじょうぶそう）・三十二大人相（さんじゅうにだいにんそう）などともいう。足下二輪相（そくげにりんそう、足の裏に千の輻〈や＝スポークのこと〉がついた宝輪の紋様がある）、頂髻相（ちょうけ

いそう、頭頂が隆起してもとどりのように見える)、白毫相（びゃくごうそう、眉間に白い毛が右回りに渦巻いて生えている)、広長舌相（こうじょうぜっそう、顔を覆うほど舌が大きくて広い）などが知られている。→はちじゅっしゅこう【八十種好】、①そうごう・こうみょう・せっぽう・りしょう【相好・光明・説法・利生】

さんじんそくいつ【三身即一】 仏の存在形態として考察される法身・報身・応身の三身が、各々の覚りの本質において一致しているとする見方。三身それぞれの解釈は諸師ごとに異なるが、およそ次のようにまとめられる。まず法身とは、永遠不滅な絶対的真理そのものを指し、姿・形や人格性は持たない（無始無終)。次に応身とは、歴史的世界に衆生救済のために現れ、姿・形、人格性を持っているが、寿命に限りがある（有始有終)。報身とは、その両者を融合したともいえる形態で、衆生救済の願を建て、仏となるための因としての行を修め、その果報として完全な功徳を具えた、姿・形、人格性を持った存在である（有始無終)。時代や諸師によって、仏身の呼称こそ異なれ、歴史的には応身・法身の二身論説が立てられた後に報身が加わり三身論説が形成されていった。その後も、三身をめぐる論議は尽きることがなく、仏身を統合的に捉えようとするさまざまな立場から三身即一が言われるようになった。ところが、そうした立場においては、どうしても法身にその根源が求められ、重きをおかれてしまう傾向がある。それに対して法然上人は、浄土宗で説く阿弥陀仏の覚りは、こうした三身の覚りの特質をすべて具えたものであって、その上で、仮に阿弥陀仏を三身論で論ずるとするならば、姿・形や人格性を具えた報身であると主唱された。→②しゅいんかんか【修因感化】

さんず【三途】→①さんあくどう・さんなくどう【三悪道】

さんてんほっしょう【三点法性】 三点とは梵語を記す悉曇（しったん）文字の「イ」字のことを指す。イ字は三画からなり、均整のとれた逆三角形を連想させ、大乗の『涅槃経』ではこれに法身・般若・解脱の三徳を譬えている。また法性とは、あらゆる事象の本質・真理のことである。三点法性と述語にした用例は少ないようであるが、あらゆる事象の本質が完全無欠であることを示しているのであろう。

さんぱい【三輩】→さんぱいおうじょう【三輩往生】

さんぱいおうじょう【三輩往生】→三輩とは、往生を願う人の出家の有無や戒を守っているか否かなどの行いに応じて、「上輩」（じょうはい）・「中輩」（ちゅうはい）・「下輩」（げはい）の三種に分けたもの。『無量寿経』に説かれる。それぞれの機根（能力）に差はあるものの、共通して一向に念仏を修して往生するため、三輩はみな念仏によって往生できることを明かすとされる。『観無量寿経』に説かれる九品は三輩を細かく分けたものと解釈される。→くほん【九品】

さんぶ【三部】、さんぶかいきょう【三部契経】「浄土三部経」の別称。→①さんぶきょう【三部経】

さんまい【三昧】→①さんまいほっとく【三昧発得】、①ねんぶつざんまい【念仏三昧】

さんみつ【三密】 真言密教にいう身（しん＝からだ）・口（く＝くち）・意（い＝こころ）の三つによるはたらき。密とは秘密の意味であり、覚りを得た者でなければ法身大日如来の活動を理解できないことを指す。しかし凡夫であっても、手に印契（いんげい）を結び（身）、口に真言を唱え（口）、心に仏の姿や曼陀羅などを念ずれば（意）、そのは

たらきが大日如来に具わる三密と互いに融合して一つとなり、凡夫の身心に覚りの境地が開かれるという。これが三密加持による即身成仏であり、凡夫における身・口・意のはたらきも如来のそれと相応することから三密と称される。→そくしんじょうぶつ【即身成仏】、①しんごんしかんのぎょう【真言止観の行】

さんみょうろくつう【三明六通】→①ごつうさんみょう【五通三明】

さんわく【三惑】 三種の根本的な煩悩のことで、天台宗で説く見思惑（けんしわく）、塵沙惑（じんじゃわく）、無明惑（むみょうわく）の三。また一般には貪欲（とんよく）・瞋恚（しんに）・愚痴（ぐち）の三（三毒）を指す。貪欲は貪りの心、瞋恚はいかりの心、愚痴は道理やものごとを如実に知らないこと。→けんし【見思】、じんじゃ【塵沙】、むみょう【無明】

じおん【慈恩】→②じおんだいし【慈恩大師】

しかいかんじょう【四海灌頂】 四海とは四大海ともいい、仏教の世界観のうち、世界の中心である須弥山を囲む四方の大海のこと。また灌頂とは、古代インドにおいて王位が継承される際、王が王子の頭頂に水瓶の浄水をかけて認証する儀式をいう。これを仏教では諸仏が菩薩に仏の位を授ける意味に転用し、とくに『華厳経』（６０巻本）十地品では、理想上の統治者である転輪聖王が太子に王位を嗣がせる際、四海の水を注ぐことになぞらえて、諸仏が菩薩に仏の位を授ける場面を描写している。その説示を四海灌頂と言い表している。→しゅみ【須弥】

じかくだいし【慈覚大師】 延暦13年（794）～貞観6年（864） 第三世天台座主。円仁。下野国出身で、比叡山に登り最澄に師事し、後に入

唐して密教・浄土教を学ぶ。帰朝後、比叡山に天台密教の基礎を築き、また、法華三昧・常行三昧の制度を確立した。特に、唐の五台山で学んだ引声（いんぜい）念仏を常行三昧に導入し、その後の日本浄土教に大きな影響を与えた。多数の著作のなか、特に『入唐求法巡礼行記』は有名である。

しかん【止観】→①しんごんしかんのぎょう【真言止観の行】

じげんぼう【慈眼房】→えいくう【叡空】

しだいかい【四大海】→しかいかんじょう【四海灌頂】

じっきょう【実教】→ごんじつ【権実】

じっさい【十歳】 五濁のうち、人の寿命が短くなることを命濁というが、懐感の『釈浄土群疑論』(巻3) によれば、末法の時代が1万年続き、仏法が滅んだ法滅の時代になると人の寿命も10歳に縮まり、身長も2肘（ちゅう＝長さの単位で1肘は2尺あるいは1尺半に相当。肘から指先までの長さともいわれる）になるという。仏教の時代区分においては、法滅以後の100年間を刀兵劫といい、多くの人が悪業を犯し、草木を緒って手に執れば悉く刀剣となって殺害を繰り返す、怒りに満ちた時代とされる。この時代にあっては、念仏往生以外のあらゆる仏道修行は不可能であり、釈迦はこの100年間の間、慈悲をめぐらし『無量寿経』を留めおくという。→②ごじょく【五濁】

してんげ【四天下】 仏教の世界観のうち、世界の中心である須弥山を囲む大海に浮かんだ四つの大陸。東の勝身洲（しょうしんしゅう)、西の午貨洲（ごかしゅう)、南の贍部洲（せんぶしゅう)、北の倶盧洲（く

るしゅう）のこと。ちなみに人間が住んでいるのが贍部洲で、他の３州には巨人が住んでいるという。→しゅみ【須弥】

しどうのか【四道の果】 四道とは、覚りに至る行法を４段階に分けたもの。四道の果とは、それらを通じて得られた覚りの境地を指す。煩悩を断ずる予備的な段階として戒・定・慧の三学を修める加行道（けぎょうどう）、実際に煩悩を断ずる無間道（むけんどう）、正しく仏法を体得する解脱道（げだつどう）、さらに、広く行を修めて覚りの境地を深めていく勝進道（しょうしんどう）の４。

しゃくじょう【錫杖】 杖の先に取り付けた枠に金属製の輪を幾重か施した法具。杖にして歩いたり、手で振ってジャラジャラと音を鳴らして用いる。僧侶が遊行する際に必ず携行するものとして戒律に定められている。もともとはインドの修行者が遊行する際、これを用いて毒蛇や毒虫を追い払い、殺生を避けたという。お経を唱える際にも、その音で調子を整える。錫杖を用いて読誦する『錫杖経』には、「魍魎（もうりょう）・鬼神（きじん）・毒獣・毒龍・毒虫などの類は、この錫杖の音で、その毒を消し去り、すみやかに覚りの境地に至るがよい」という意味の一節がある。

じゅうじ【十地】→②じっしょう【十聖】

しゅみ【須弥】 仏教の世界観で、世界の中心にあるとされる山の名。一辺８万由旬、高さ１６万由旬（ゆじゅん、１由旬は一説に約7.4㎞）で、北面は黄金、東面は白銀、南面は瑠璃、西面は玻璃でできているという。ちなみに、須弥山の南辺から約40万由旬離れたところにある島が人間の住む南贍部州（なんせんぶしゅう）である。『倶舎論』に詳しく説かれる。→してんげ【四天下】、②さんぜんだいせんせかい【三千

大千世界】

じゅんし【順次】→②じゅんしのおうじょう【順次の往生】

しょうこう【聖光】 応保２年（1162）～嘉禎４年（1238） 浄土宗第二祖。弁阿弁長（べんなべんちょう）。筑前国香月庄（今の福岡県北九州市）出身。14歳から天台を学び、20歳で比叡山に入山し、宝地房証真等に仕えた。29歳の時帰郷し、天台宗の学府であった油山（現在は廃絶）の学頭となる。36歳で京都に戻り、法然上人の庵に参じてその教えに帰依、器から器に水を移すかのごとく教えを授かった。元久元年（1204）に帰郷して浄土宗の教えを広めるとともに、良忠上人はじめ弟子の育成に努めた。生涯を通じ、毎日六遍の『阿弥陀経』読誦、「六時礼讃」の勤修、六万遍の日課念仏を怠らなかった。善導寺（福岡県久留米市、浄土宗大本山）はじめ開創寺院多数。『末代念仏授手印』『浄土宗名目問答』『念仏名義集』『念仏三心要集』『浄土宗要集（西宗要）』『徹選択集』など著作も多い。嘉禎４年、念仏を称えつつ77歳で往生を遂げた。聖光上人の教えは、その地名から鎮西義と呼ばれており、浄土宗の教えの正統となっている。

しょうごう【正業】→①しょうじょうのごう【正定の業】

しょうじょうごう【正定業】→①しょうじょうのごう【正定の業】

しょうぞうにぎょう【正雑二行】→①しょうぎょう【正行】、①ぞうぎょう【雑行】

じょうどもん【浄土門】→①しょうどもん・じょうどもん【聖道門・浄土門】

しょうもんぼさつ【声聞菩薩】 声聞と菩薩のこと。まず、声聞とは「声を聞く者」の意で、初期仏教では、出家修行者・在家信者を問わず、釈尊の教えに帰依した弟子を指す。戒・定・慧の三学を行じて、次第に煩悩を滅し、究極的には、出家し現世で涅槃の境地に入る阿羅漢を目指す。声聞の境地には段階があるが、全体を通じて仏道修行の流れに入ったものとして聖者とされる。次に、菩薩という言葉の解釈は多岐にわたるが、端的に言えば「覚りを目指す者」の意。初期仏教では修行時代の釈尊や、釈尊の前世における姿のみを称したが、大乗仏教に至って、覚りを目指す者全般を指すようになった。大乗仏教の立場からは、声聞は自己の覚りのみを求める（自利）聖者であるが、菩薩は覚りを求める（自利）と同時に衆生を利益・救済すること（利他）を自らに課し、六波羅蜜を行じて成仏を目指す。菩薩の境地にも段階があり、初地以上、十地の境地にある者を聖者とされる。→しょじ【初地】、②しじょう【四乗】、②じっしょう【十聖】、②ねはん【涅槃】、②はらみつ【波羅蜜】、②ろくど【六度】

じょぎょう【助行】→①じょごう【助業】

しょじ【初地】 菩薩が仏となる直前の10階の境地（十地）における第一。菩薩の階位については、仏教教理の展開上、その体系や一々の名称に諸説があり、たとえば『菩薩瓔珞本業経（ぼさつようらくほんごうきょう）』や『華厳経』などに説く歓喜地（かんぎじ）が初地に相当する。歓喜地の名称について浄影寺慧遠（じょうようじえおん）は、「この上ない自利利他の行を完成し、初めて聖者の境地を得て多くの歓喜が生じるから」（『大乗大義章』巻１４）と解説している。→じゅうじ【十地】、しょうもんぼさつ【声聞菩薩】、②じっしょう【十聖】

しんごんのあみだくようぼう【真言の阿弥陀供養法】 真言宗で阿弥陀如来を本尊として修す秘法。阿弥陀法という。修法者は定められた次第に則って、印を結び諸真言を唱え想念を凝らし、供養の品を捧げるなどして、施主の滅罪や覚りの獲得、諸願成就、過去精霊の成仏などを祈る。真言宗では、仏・菩薩を含めたあらゆる事象は大日如来の活動そのものであると考えるため、ここで本尊とする阿弥陀如来も大日如来の一側面が現れ出た姿と解釈される。→②けんみつ【顕密】、②しんごん【真言】

じんじゃ【塵沙】 計り切れないほど数の多いこと。そのさまを塵（ちり）や砂に喩えた表現。ここでは、天台宗にいう三惑の一つ、塵沙惑のこと。この世には無数の事象があるが、その一つ一つを正しく捉えることが出来ずに惑ってしまう煩悩。→さんわく【三惑】、けんし【見思】、むみょう【無明】

しんにょかん【真如観】 源信作と伝えられる書物だが、おそらくは室町時代頃の成立と推測されている。本書では、あらゆる存在がそのまま真理であると観ずる真如観を説き、これを仏教すべての教えに通ずる中道観とした。この中道観を徹して自己の心と真如とが不二であると観ずれば、このわが身は、釈迦・弥陀・薬師等の諸仏や普賢・文殊・観音・弥勒等の諸菩薩、あるいは、釈尊一代の八万四千の法門や自行・化他の因果などと不可分であると説く。そして、そうした状態が即身成仏であり、浄土往生の成就であるとする。→そくしんじょうぶつ【即身成仏】、①えしんそうずげんしん【恵心僧都源信】

しんにょじっそうびょうどうのみょうり【真如実相平等の妙理】→しんにょかん【真如観】、②てんだい【天台】

ずほくめんさい【頭北面西】 頭を北に、顔を西に向け、足を重ねて横

になること。釈尊が臨終においてこの姿勢で涅槃に入ったとされることから、臨終を迎えた人にこの姿勢をとらせるようになった。また、葬送儀礼において死者をいわゆる北枕に安置するのも、これに起因する。

せいかく【聖覚】 仁安２年（1167）〜文暦２年（1235） 鎌倉初期の天台宗の僧。安居院（あぐい）の法印と呼ばれた。藤原通憲の孫で、唱導（説法）の大家である澄憲の子。比叡山の静厳（じょうごん）に師事し、天台の教えを学ぶ。若くして法華講や最勝講の講師（こうじ＝問答の解答者）を務めるなどその才能を発揮した。また、唱導において高名であり、釈尊の弟子中、説法第一と讃えられた富楼那尊者にたとえられ、澄憲・聖覚の唱導は安居院流と呼ばれた。生涯天台僧として活躍したが、法然上人の浄土教に共鳴し、『登山状』を起草したともいわれる。数ある著作のうち『唯信鈔』は親鸞聖人に多大な影響を与えた。

せんじゅ【専修】→①せんじゅ・ざっしゅ【専修・雑修】

せんぞうにしゅ【専雑二修】→①せんじゅ・ざっしゅ【専修・雑修】

そうごう【相好】→①そうごう・こうみょう・せっぽう・りしょう【相好・光明・説法・利生】

ぞうごう【雑業】→①ぞうぎょう【雑行】

ぞうじょうえん【増上縁】→①さんえん【三縁】

そくおうあんらく・そくおうとそつてんじょう【即往安楽・即往兜率天上】 鳩摩羅什（くまらじゅう）訳『妙法蓮華経』薬王菩薩本事品第23では、『妙法蓮華経』の説くとおりに修行すれば阿弥陀仏の極楽世界に

往生できることが、さらに普賢菩薩勧発品第28では、この経典を受持し、唱え、修行すれば弥勒菩薩の兜率天に往生できることが説かれている。→①ほけきょう【法華経】

そくしんじょうぶつ【即身成仏】 真言密教の根本教理で、現世においてこの身このままで覚りの境地を得て、誰もが仏に成れるという教え。真言宗では、この世のあらゆる現象はすべて大日如来の活動そのものであるとする。したがって衆生と大日如来とは、それぞれ異なる存在でありながら、本質的には不可分の関係にあり、衆生の身心の活動が大日如来のそれと融合（三密加持）する時、衆生の身心に仏の覚りが顕れ、即座に仏の境地がもたらされるという。→さんみつ【三密】、①しんごんしかんのぎょう【真言止観の行】、②けんみつ【顕密】、②しんごん【真言】

そくしんとくどう【即身得道】→そくしんじょうぶつ【即身成仏】

だいいちぎくう【第一義空】 第一義とは、究極の真理である覚り（涅槃）を意味する第一義諦（だいいちぎたい）のこと。勝義、勝義諦ともいう。空（くう）とは、あらゆる事象は原因と条件が複雑に関係し合い(縁起)、絶えず変化し続けるものとして成り立っており、そこには常住不変の実体などないことをいう。したがって第一義空とは、究極の真理である覚りも空にほかならないことを指す。『般若経』には、如来の覚りは空であるから、実体として獲得したり（不可得）、言葉や文字で表現することはできない（不可説、不可称）と再三にわたって説かれている。第一義諦（勝義諦）の対語である世俗諦は、言語表現や共通認識に基づく観念が通用する範疇を意味し、第一義諦はそれらを超えたものであるとする。→くうがん【空観】

だいじゅうはちのがん・だいじゅうはちねんぶつおうじょうのがん【第十八の願・第十八念仏往生の願】→①じゅうはちがん【十八願】

だいにちのしんごん【大日の真言】 大日如来の境地と融合するために唱える真言。真言とは真理を引き起こす言葉であり、密教においては諸仏・諸菩薩の境地と直ちに融合する手段として、手に印を結び、心に諸尊を想念するとともに、口に真言を唱える。真言密教では、あらゆる事象は本尊大日如来の活動の顕れであるとし、それを大日の性格にしたがって金剛界と胎蔵界という二つの曼荼羅に象徴させて、密教の世界観を表す。そして、おのおのの本尊に大日を配し、金剛界では「オンバザラダトバン」、胎蔵界では「アビラウンケン」がその真言である。→①しんごんしかんのぎょう【真言止観の行】

どうかしょう【導和尚】→①ぜんどう【善導】

とうまんしん【等慢心】 江戸時代の随筆集『塩尻拾遺』に、四種の慢心（上慢、等慢、卑下慢、無慢）の説明が見られ、それによれば、自分よりすぐれている人に対し、自分も同等であるとするおごった思いを等慢心という。慢心については『倶舎論』をはじめ、古来種々に分類・分析されていているが、仏教典籍における等慢心の出典は明らかでない。

にじゅうごのぼさつ【二十五の菩薩】 阿弥陀仏に付きしたがい、臨終を迎えた人のもとに来迎する諸菩薩。観世音・大勢至・薬王・薬上・普賢・法自在・獅子吼尼（ししくに）・陀羅尼・虚空蔵・徳蔵・宝蔵・金蔵（こんぞう）・金剛蔵・光明王・山海慧（さんかいえ）・華厳王・衆宝王（しゅほうおう）・月光王・日照王・三昧王・定自在王（じょうじざいおう）・大自在王・白象王・大威徳王・無辺身の諸菩薩をいう。『十往生阿弥陀仏国経』（『十往生経』）に、この経典を信奉する人を常に護る

菩薩として説かれているが、のち、臨終来迎の菩薩としても考えられるようになり、南北朝時代にはその思想がはっきりしてきた。浄土教美術に与えた影響も大きく、来迎のありさまが多く描かれるようになった。中でも、知恩院蔵「阿弥陀二十五菩薩来迎図」（早来迎）は特に有名。また、二十五菩薩の来迎のもようを動的に表した法会である迎講（むかえこう）、来迎会（らいこうえ）が、当麻寺（奈良県）や誕生寺（岡山県）、九品仏浄真寺（東京都）などに伝えられている。

にほう【二報】→②えしょう【依正】

はちじくのきんてん【八軸の金典】→くじょうのしょ【九帖の書】

はちじゅっしゅこう【八十種好】 仏に具わる80のすぐれた微細な特徴。八十随形好（ずいぎょうこう）ともいう。歩き方がゆったりしている、耳たぶが長く垂れ下がっている、などがある。三十二相と共に三十二相八十種好と呼ばれ、それを縮めて相好とも呼ばれる。→さんじゅうにそう【三十二相】、①そうごう・こうみょう・せっぽう・りしょう【相好・光明・説法・利生】

はちじょうのしょうしょ【八帖の聖書】→くじょうのしょ【九帖の書】

はっさいかい【八斎戒】 月に6回の斎日（8・14・15・23・29・30日）に在家信者が一昼夜守るべき八つの戒。八戒斎ともいう。①生き物を殺さない、②盗みをしない、③淫らな性行為をしない、④嘘をつかない、⑤酒を飲まない、という五戒に、⑥装身や化粧を止め、歌舞音曲を聴視しない、⑦高くゆったりした寝台で寝ない、⑧午後は食事をしない、の3つの戒を加えたもの。

はっしゅうくしゅう【八宗九宗】 法然上人在世中に存在した九つの宗派。いわゆる南都六宗（倶舎宗・成実宗・律宗・法相宗・三論宗・華厳宗）と平安二宗（天台宗・真言宗）を八宗といい、これに、法然上人の念仏興隆とほぼ同時期に大日房能忍が提唱した達磨宗を加えて九宗という。なお、南都六宗のうち倶舎・成実・三論の各宗は今はなく、達磨宗も建久５年（1194）に弘通停止の訴えにあい、弟子たちは道元の門に入って、達磨宗自体は消滅した。

はっせん【八専】 干支の十干と十二支にそれぞれ配された五行（木・火・土・金・水）が一致する日のうち、それらが８日集中する特定の１２日間のこと。八専日ともいう。壬子（みずのえね）・甲寅（きのえとら）・乙卯（きのとう）・丁巳（ひのとみ）・己未（つちのとひつじ）・庚申（かのえさる）・辛酉（かのととり）・癸亥（みずのとい）にあたる日は五行が一致し、その壬子から癸亥まで12日間あることから十二日の八専ともいう。これらの日には聖者が天に上っているので加護がないとされ、この間の仏事が凶と占われて忌むようになった。

はんにゃ【般若】 仏教梵語panna（パンニャ）の音写語。執着を離れた心で、あらゆる存在をありのままに把握する智慧のこと。初期仏教では涅槃の境地と同一視され、大乗仏教においては利他の完全な実践と般若の体得とが不可分であるとする。そして、菩薩の修行徳目である六波羅蜜を統括するものとして般若波羅蜜が説かれた。般若は、空（くう）の思想を基盤とする一連の『般若経』経典群に説かれるが、それらの経典を単に「般若」と表記することもある。法然上人の法語中にもその用例が見られる。→くうがん【空観】、だいいちぎくう【第一義空】、①ちえ【智慧】、②はらみつ【波羅蜜】

びゃくしぶつ【辟支仏】 梵語「プラティエーカブッダ」の音写語で、

「一人でいる仏」の意。独覚（どっかく）と漢訳される。仏がいない世にあって、誰からも教えを受けることなく修行して、みずから覚りを得た者をいう。一人で覚りの境地を楽しみ（自利）、衆生を導いたり、救済すること（利他）はない。また縁覚（えんがく）とも漢訳され、この場合には、縁起の道理を観察して煩悩を断ち、覚りの境地を得た仏と解釈されている。→しょうもんぼさつ【声聞菩薩】、②しじょう【四乗】

ひゃくまんべん【百万遍】 浄土往生を願って百万回念仏を称えること。百万遍念仏の略。中国の浄土教者、迦才の『浄土論』には「道綽禅師によれば、『阿弥陀経』の所説のとおりに七日間念仏を称えれば総じて百万遍となり、往生が確定する（趣意）」とある。この説を受けて、平安時代中期以降、日本でも百万遍念仏が盛んとなった。ただ、百万遍念仏が阿弥陀仏の本願行ではないことから、法然上人は必ずしもその必要性を認めておらず、「一遍十遍の念仏でも往生がかなううれしさのあまり、百万遍もの念仏が相続できる」と語っている。なお、この百万遍念仏が世間に広まるにつれ、庶民の間では、大勢で合唱して称えた念仏の総計をもって百万遍の達成を目指し、その功徳を互いに享受し合うという信仰が広まっていった。その際、大勢が輪になって珠（たま）をくくれる大きな念珠が用いられるようになり、このいわゆる「数珠まわし」の法要も「百万遍念仏」といわれるようになった。また、百万遍念仏には、自身の往生ばかりでなく、追善・息災・招福など多岐の目的が込められるようになった。

ふきょう【不軽】 『法華経』「常不軽菩薩品」に登場する常不軽菩薩（じょうふきょうぼさつ）のこと。常不軽ともいう。同経によれば、この菩薩は釈尊の前世の姿であり、仏教徒を目にしたならば誰彼かまわずに近寄り、「あなたを敬い軽しめません。やがて仏となられる方ですから」（趣意）といって礼拝したため、その名が付いたという。また、こ

の品（章）に説かれる偈文を唱えながら礼拝し、巡行することを「常不軽」「不軽行」といい、『今昔物語』や『源氏物語』に言及されている。さらに永観の『往生拾因』には、延暦年間中の出来事として、勝如という僧が両親の廻向のために「不軽行」を修め、16万7千6百余の家々を礼拝して巡行したと記されている。→②えいかん【永観】

ふじょう【不浄】 清浄でないこと。本来、衛生上の観念として汚泥や腐敗したもの、大小便などが不浄なものとして理解される。仏教では、肉体はいずれ滅び腐敗してしまう不浄なものと捉えられ、煩悩にまみれた心もまた不浄なものと認識された。他方、わが国では、古来、さまざまな宗教や思想の影響を受け、衛生上の状態や仏教の理解に加えて、血に関係するもの、ある種の心や行為の様相なども不浄なものとして考えられるようになり、好ましからざる結果をもたらす不吉な予兆としても忌み嫌われたようである。いずれにしても、さまざまな考え方が混在し、これといった定義は見出せない。法然上人は、どのような不浄であれ、念仏往生の可否にはまったく関係しないと断言した。

ふぞく【付属】→②ふぞくのしゃく【付属の釈】

ぶつげんのしんごん【仏眼の真言】 仏眼呪（ぶつげんじゅ）のことで、仏眼仏母尊（ぶつげんぶつぼそん）を念ずるために唱える真言。「オンボダロシャニソワカ」と唱える。仏眼とは智恵を具えた仏の眼差しのことであるが、密教ではそれを諸仏を生み出す女尊として神格化し、仏眼仏母尊とした。この真言は女尊への呼びかけであり、仏智の本質を表現したものとされる。仏像の開眼法要などで唱えられる。

ぶっしょう【仏性】 仏としての本質、仏となる可能性を有する素質の意。如来蔵とほぼ同義語とされる。『大乗涅槃経』に説かれる「一切衆

生悉有仏性（すべての人間にはもとより仏性がそなわっている）」の一文はよく知られている。中国では、山や川、草木など無情の存在にいたるまで仏性がそなわっているとする考え方が見られ、日本仏教はそれを受容し大いに発展させた。

ぶっしん【仏心】 絶対平等の大慈悲に満ちた仏の心。『観無量寿経』には「仏心とは大慈悲これなり」と説かれ、阿弥陀仏はその慈悲深い心であらゆる衆生を救い導くという。しばしば、衆生にそなわる仏性を指すことがある。また禅宗においては、覚りの本質を仏心ということから、禅宗を仏心宗、あるいは単に仏心という場合があり、法然上人の法語中にもその用例が見られる。→ぶっしょう【仏性】

へいぜいのねんぶつ【平生の念仏】→②べつじ【別時】

へんじ【辺地】 一般的には、中心に対して最も周辺に位置する地域のことをいう。ここでは極楽浄土における辺地をさす。『無量寿経』巻下にその用例が見られ、これについて曇鸞大師は「阿弥陀仏が具える智慧のはたらきを疑いつつも、浄土往生を願い、因果の道理を信じて善行を積んだ者は、極楽の辺地にある七宝の宮殿に往生し、忉利天にいるような快楽を享受する。ただし、５００年の間は、仏の姿を見ること、その教え（法）を聞くこと、菩薩や声聞などの聖衆（僧）の姿を見ることなどができない（『略論安楽浄土義』巻下）」と解釈している。

ほうぞう【法蔵】→①ほうぞうぼさつ・ほうぞうびく【法蔵菩薩・法蔵比丘】

ほうぞうびく【法蔵比丘】→①ほうぞうぼさつ・ほうぞうびく【法蔵菩薩・法蔵比丘】

ほうど【報土】 報身（有始無終）が建立した仏国土（浄土）のこと。報身とは、菩薩が仏となるために衆生救済の誓願を建て、その実現のために修行を重ねて完全な功徳を具え、姿・形、人格性を持った仏身。法身（無始無終の仏：真理そのもの）に対応する法土や応身（有始有終）に対応する応土と比較した場合、報仏の具える性格に対応し、相（姿・形）や念（仏と往生人との心が呼応する関係）を具えた〈場〉であり、しかも、報仏が体得した覚りに裏づけられた真理の世界でもある。法然上人は、「善導の釈義に依て浄土宗を興ずる時、即ち凡夫報土に生るということ顕るるなり」（『浄土立宗の御詞』）と述べられ、凡夫が報土に往生することを主唱された。→さんじんそくいつ【三身即一】、②えしょう【依正】

ほうぶつ【報仏】→②けぶつ・ほうぶつ【化仏・報仏】

ほうれんぼう【法蓮房】 久安２年（1146）～安貞２年（1228）。諱（いみな）は信空。常に法然上人のそばに仕え、上人没後は後継者として教団をまとめた。12歳で叡空のもとに弟子入り。師亡き後は上人の弟子となって近侍した。上人からの信頼がとくに篤かったことは、元久元年（1204）の元久の法難の際、『七箇条起請文』の執筆役に任ぜられ、門下として最初に署名していることや、上人筆『没後遺誡文』に、黒谷本房や白川本房、定朝作阿弥陀像などを譲る旨が記されていることなどからも窺える。また、上人の四七日法要の導師を勤めたり、嘉禄元年（1207）の嘉禄の法難の折には遺骨の改葬を行って難を免れるなど、法然上人門下の統率者として尽力した。晩年、京都白川に住んだことから白川上人とも呼ばれた。

ぼさつ【菩薩】→しょうもんぼさつ【声聞菩薩】、②しじょう【四乗】

ぼだい【菩提】 仏の覚りのこと。涅槃と同義。梵語「ボーディ」の音写語で、元意は「目を覚ますこと、気づくこと」である。迷いを離れ真理に目覚めることを意味することから、智・覚・道などとも訳される。→①どうしん【道心】

ぼだいしん【菩提心】 覚りを目指す心。→ぼだい【菩提】、①どうしん【道心】

ほっけざんまい【法華三昧】 天台大師智法華三昧の『摩訶止観』に説かれる四種三昧の一つ、半行半坐三昧の一修法。四種三昧とは、正しい智慧を体得するために、心を静めて一つの対象に集中する4種の実践法である。半行半坐三昧では、仏像の周囲をめぐる行道と坐禅を中心に、礼拝・懺悔・誦経などを行じていく。これには、『大方等陀羅尼経』の所説にしたがって7日間修める方等三昧、行道の際に『法華経』を誦経するなどして21日間修める法華三昧の2種がある。

ぼんてん【梵天】 仏教の守護神で帝釈天とならび称される。また天上界のうち、梵天を首領とした天人が住む初禅天を指す。初禅天は、仏教の世界観を表す欲界・色界・無色界の三界のうち、四禅天からなる色界の最下層に位置する。この初禅天は、下から梵衆天（ぼんしゅてん）・梵輔天（ぼんぽてん）・大梵天（だいぼんてん）の三層構造をなす。ちなみに大梵天は、海抜1024万由旬（一説に1由旬＝11.2KM）の天空にあり、四天下（四州）の広さがあるという。そもそも梵天は梵語でブラフマンといい、バラモン教における宇宙創造の根源を指し、後に世界の創造神として神格化し崇拝されるようになった。また仏教では釈尊にその教えを説き広めるよう促した神として登場し（梵天勧請）、やがて守護神として受容されるようになった。→してんげ【四天下】、①さん

がい【三界】、②ろくよくしぜん【六欲四禅】

ほんみょうにち【本命日】 十干と十二支を組み合わせて６０とおりになる暦法において、自身の生年の干支（かんし・えと）と同じ干支の日。たとえば甲子（きのえね）の年に生まれた人にとっては、甲子の日がそれにあたり、６０日ごとに巡ってくる。天皇家や公家一般のあいだでは、この日に、陰陽道の主神で、冥界を支配し人の生死を司るという泰山府君（たいざんふくん）を祀って無病息災や長生を祈願した。後に法然上人を信奉することになった九条兼実の日記『玉葉』（承安元年４月２５日付）には「昨今、物忌みとして本命日に泰山府君祭を勤めるのが恒例行事になっている（趣意）」と記されている。

まにじゅ【摩尼珠】 総じて丸い形をした宝石類を指す。単に摩尼、あるいは摩尼宝・摩尼宝珠などともいう。摩尼とは梵語「マニ」の音写語で、宝石・真珠・水晶などの意味があり、珠や宝珠などと漢訳される。諸経典では、美しさや清らかさを表現する場合の喩えとして多く用いられる。その他にも、摩尼珠の具える種々の徳用として、あらゆる病気を癒し、濁った水に浸せば清らかな水になる（『大品般若経』巻十）といい、あるいは、大海の竜王のもとにある摩尼珠は財宝を雨降らすことができる（『賢愚経』巻九、『大方便仏恩経』巻四）などと説かれている。

みょうかく【妙覚】 菩薩の五十二位のうち、最上位である第五十二位の境地にある菩薩。煩悩を断じ尽くし、智慧を完成していることから、仏の位と同一視されることもある。→しょうもんぼさつ【声聞菩薩】、②じっしょう【十聖】

みょうへん【明遍】 康治元年（1142）～貞応３年（1224） 平安後期の僧。高野僧都、蓮華谷僧都とも称される。藤原通憲の末子。若くして

出家し、東大寺東南院で三論と密教を学ぶ。維摩会の講師などを務めたが、俗世の名利を嫌い大和の光明山に遁世。さらに高野山蓮華谷に蓮華三昧院を創建し密教を研鑽した。後に法然上人と出会って浄土教に帰依、空阿弥陀仏（空阿）と名乗り、終生高野山の一心院妙智坊に住して念仏に励んだ。高野山念仏聖の先駆者とされる。

みょうらくだいし【妙楽大師】 景雲２年（711）〜建中３年（782） 中国唐代の僧、湛然。中国天台宗の第六祖。中興の祖として仰がれ、荊渓尊者と称される。玄朗に師事し天台学を学ぶ。師の滅後は天台宗の顕彰につとめ、江南各地で天台教学を講じた。著書に天台三大部の注釈書である『法華文句記』30巻、『法華玄義釈籤』20巻、『摩訶止観輔行伝弘決』30巻などがあり、いずれも天台学研究必須の書となっている。

むしょう【無生】 あらゆる事象（森羅万象）の本質は空であるから、常住不変の実体としては何も生じないこと。実体として生じるものがないので、変化したり消滅したりする主体もなく、こうしたありさまを無生滅、無生無滅ともいう。そして、この「一切は空である」との真理の体得を無生忍、無生法忍といい、菩薩が体得すべき境地の一つとされる。無生を体得した菩薩は生死輪廻を離れ、覚りを開くまで、決してその境地が退転することはない。また無生とは、生死輪廻を離れた覚り（涅槃）の世界そのものを意味し、極楽浄土も阿弥陀仏自身の覚りの功徳が成就した世界であることから、無生界ということがある。さらに覚りを開くことを「無生身を証する」などと言い、浄土往生と同義に用いられることもある。→くうがん【空観】、①りんね【輪廻】

むしょうにん【無生忍】→むしょう【無生】

むみょう【無明】「すべては無常である」などの真理を正しく理解しな

いこと。迷いや苦しみを生み出す煩悩の根源となるもので、生死輪廻を引き起こす。釈尊は、人生に苦しみを感じるのは、無常という真理を理解出来ず物事に執着するからに他ならない、と説いた。無明は愚痴とも言われ、貪（とん＝むさぼり）・瞋（しん＝いかり）と合わせて三毒という。ここでは、天台宗にいう三惑の一つで無明惑のこと。あらゆる煩悩を断じ尽くたのち、最後に残る根源的な煩悩を指す。→けんし【見思】、じんじゃ【塵沙】、①しょうじ【生死】、①りんね【輪廻】

ゆうれんぼう【遊蓮房】 保延5年（1139）～治承元年（1177） 平安時代後期の念仏僧。藤原通憲の三男で、俗名は是憲。平治の乱により一族が配流となった平治元年に出家、遊蓮房円照と号した。はじめ西山広谷に住し『法華経』を学んだが、のちに熱心な念仏行者となり念仏三昧を発得した。法然上人は「浄土の教えと遊蓮房に会えたことこそが、人として今まで生きてきたなかで、一番の思い出である」と述懐しており、その立教開宗にあたり大きな影響を与えたという説もある。後に法然上人に帰依したと伝えられるが、若くして病を得たらしく、終焉の地として西山善峰の庵室に居を移し、39歳で往生を遂げた。臨終の善知識は法然上人であった。

よくかい【欲界】→①さんがい【三界】

らかん【羅漢】 梵語「アルハト」の音写語である阿羅漢の略。「供養するに値する人」の意で、初期仏教では、釈尊は別格とし、仏弟子のなかで最高の覚りに到達した人を指す。一般には、仏教を護る「十六羅漢」で親しまれている。→しょうもんぼさつ【声聞菩薩】、②しじょう【四乗】

りかん【理観】 覚りを得るために、心を静め、無念無想のまま、智慧

をもって真理を思念する修法（観法）。「理」とは、普遍的・絶対的な真理や理法を指し、個別的・具体的な事象や現象を意味する「事」と相対関係にある。したがって、理観とは、「事」を思念の対象とすることなく、直ちに真理そのものである「理」を思念する修法である。

りょうにん【良忍】 延久5年（1073）～長承元年（1132） 平安時代の僧で、融通念仏宗の開祖。聖応大師。法然上人が師事した叡空の師匠にあたる。尾張に生まれ比叡山にて出家、諸師から天台、円頓戒、密教などを学ぶ。23歳で大原に隠遁、来迎院、浄蓮華院を草創し、日課念仏六万遍の生活を送ったという。40歳の時、念仏三昧中に阿弥陀仏の直授を蒙り、自身と他者の念仏の功徳が互いに融通し合うという「融通念仏」を提唱し、これを広めたとされる。ただし、良忍の古い伝記からは、融通念仏宗の祖としての活動は確認できないとの見方が強い。また円仁が唐から請来した比叡山の声明を大成し、大原に魚山流声明として独立させたことでも知られる。

りんじゅうのねんぶつ【臨終の念仏】→②べつじ【別時】

ろくさい【六斎】 定められた日に在家の信者が八斎戒を守って身を慎む日。「斎（とき）」とは戒律にのっとった正しい食事のことであり、正午以降は食事をしてはならないと定められていた。月齢で新月の日とその前日、満月の日とその前日、さらにそれぞれの中間日に定められ、具体的には毎月八日、十四日、十五日、二十三日、二十九日、三十日の計六日間である。→はっさいかい【八斎戒】

ろくしゅししょう【六趣四生】→①ろくどうししょう【六道四生】

ろっこん【六根】 根とは、対象を感受し把握する能力を具えた器官の

こと。眼根（げんこん）・耳根（にこん）・鼻根（びこん）・舌根（ぜっこん）・身根（しんこん）の五つの感覚器官と、知覚器官である意根（いこん）の六。眼（げん）・耳（に）・鼻（び）・舌（ぜつ）・身（しん）・意（に）と略される場合が多い。前五根のうち、眼根は視覚器官であり、以下同様に聴覚、嗅覚、味覚、触覚の器官を意味する。なお、六根がそれぞれの対象（たとえば耳根には音声）に対する執着を断って清らかな状態になることを六根清浄（ろっこんしょうじょう）という。

〔第一集　消息編〕

【あ行】
悪鬼悪神
阿弥陀仏の化身
安心
一念往生の義・一念義
懐感
廻向
恵心僧都源信

【か行】
起行
逆罪
九条兼実
功徳
位高く往生して
下三品
建永の法難
劫
五逆罪
五逆十悪
五通・三明

【さ行】
在家・出家
雑修
三悪道
三縁
三界
三種の愛心
三心
三部経
三宝
三昧発得
地獄
舌をのべて
四智・三身・十力・四無畏
七難消滅の法
十方
十悪五逆
十八願
正行
正業
生死
正定の業
聖道門・浄土門
浄土へ迎えとらん
助業
正如房
真言止観の行
神通

世自在王如来
専修・雑修
善知識
善導
雑行
相好・光明・説法・利生

【た行】
第四
智慧
伝教大師最澄
諂曲
天衆
天魔波旬
道綽
道心
頓教

【な行】
念仏三昧

【は行】
別時
法蔵菩薩・法蔵比丘
法華経
法照
本願
凡聖
凡夫

【ま行】
末法
弥陀の化身

【ら行】
来迎の願
輪廻
六趣
六道四生

〔第二集　法語類編〕

【あ行】
悪人
尼入道
安房の介
永観
依正
恵心（→①恵心僧都源信）
烏帽子
縁覚

【か行】
唐
木曽の冠者
金谷
弘願
口伝
訓
華厳
化仏・報仏
顕教
検校
還俗
顕密
呉
恒河沙・恒沙
光明
五濁
五説
五台山
五念・五念門
金山

【さ行】
三悪趣（→①三悪道）
三賢
三身
三千世界
三千大千世界
三蔵
三有
三福九品
三昧（→①三昧発得、①念仏三昧）
三明（→①五通・三明）
三論
慈恩大師
四修
四重
四十八軽
四生（→①六道四生）

四乗
十聖
七珍
四土
舎衛
十悪（→①十悪五逆）
修因感果
十三の矢
十地
十重
十善
鷲峯説法
寿命
順次
順次の往生
常行堂
小康
小乗
少善根
聖道・浄土（→①聖道門・浄土門）
声聞
浄土の一門・浄土門（→①聖道門・浄土門）
尸羅
事理の業因
四論
信外の軽毛
真言
世親
舌相（→①舌をのべて）
説法（→①相好・光明・説法・利生）
千手

【た行】
第四の五百年
第十九の願（→①来迎の願）
第十八願（→①十八願）
大乗
大聖竹林寺の記
天眼
天耳
天親
天台
忉利
得三法忍
都率
曇鸞

【な行】
南楼
二教
二住
二超
涅槃